Él ha Sido Fiel

Él ha Sido *Fiel*

Confiando en que Dios hará lo que solo él puede hacer

Carol Cymbala

Directora del coro del Tabernáculo de Brooklyn

Con Ann Spangler

Vida

DEDICADOS A LA EXCELENCIA

L a misión de Editorial Vida es proporcionar los recursos necesarios a fin de alcanzar a las personas para Jesucristo y ayudarlas a crecer en su fe.

© 2003 EDITORIAL VIDA
Miami, Florida

Publicado en inglés bajo el título:
He's Been Faithful
por Zondervan
© 2001 por Carol Cymbala

Traducción: *Betsy Toledo y E. Morris*
Edición: *Elizabeth Fraguela*
Diseño interior: *Art Services*
Diseño de cubierta: *Grupo Nivel Uno, Inc.*

Categoría: Vida cristiana / Crecimiento personal

Impreso en China
Printed in China

03 04 05 06 07 08 ◆ 06 05 04 03 02 01

*A mis tres hijos, Chrissy, Susan y
James, a quienes amo y aprecio
profundamente como regalos de Dios.
De niños ellos vieron que Él ha sido fiel
y ahora de adultos lo experimentan.
A Jim, mi esposo, quien ha sido una
fuente constante de amor
y aliento en mi vida.*

CONTENIDO

RECONOCIMIENTOS

La mayoría de los libros no vienen al mundo como un huérfano sino como un miembro de la familia de una casa editorial. Estamos particularmente agradecidos a nuestra familia. Un agradecimiento especial para Scott Bolinder por su apoyo en la parte inicial de este proyecto, a Cindy Hays cuya motivación, oraciones y percepción han sido invaluables, especialmente durante esos momentos cuando nuestra confianza vacilaba. También queremos agradecerle a Robert Hudson su habilidad y sensibilidad al editar el manuscrito. Sin embargo, hasta la mejor edición de un manuscrito tendría dificultad para entrar al mundo de los libros sin la ayuda de un mercadeo meticuloso. En este aspecto estamos muy agradecidos a John Topliff y su equipo creativo por sus esfuerzos para presentar el libro a tantas personas como sea posible.

UNO

NADA ES IMPOSIBLE

Mientras manejo cambiando de sendas en el tráfico de las congestionadas calles de Brooklyn, se me hace difícil pasar por alto las calcomanías que la gente pega a los parachoques de todos los autos, excepto al mío. Algunas calcomanías invitan a la reflexión, otras son chistosas y otras son demasiado groseras para mencionarlas. Pero eso es de esperar en una ciudad como New York, la cual no es exactamente famosa por su modestia. Si alguna vez llegara a poner una calcomanía en el parachoques de mi carro, es probable que diría así: «Ella no sabe lo que está haciendo, pero insiste en hacerlo». Este es el chiste acerca de mi persona que circula en el Tabernáculo de Brooklyn, la iglesia que pastorea Jim, mi esposo, la cual tanto queremos y para la que trabajamos desde hace más de veintinueve años.

Pero a pesar —o tal vez por causa— de mi incompetencia, he visto que Dios obra de manera sorprendente. Como directora del coro del Tabernáculo de Brooklyn que tiene 275 miembros, domingo tras domingo mis ojos descansan sobre un mar de caras, trigueñas, negras y blancas, detrás de las cuales se oculta una historia singular e increíble que cada uno de ellos podría narrar. Después, cuando me siento al piano, veo a hombres y mujeres en la iglesia, caras resplandecientes, voces resonantes y una vez más me siento

11

agradecida por estar aquí, es donde soy más feliz, es el lugar al cual pertenezco.

Toda mi vida he vivido en la iglesia. Mi padre, Clair Hutchins, era un cantante de ópera que llegó a ser pastor. Recuerdo cuando a los cuatro años de edad me sentaba en sus piernas para escuchar a un predicador invitado. No recuerdo lo que decía pero nunca olvidaré lo que experimentaba. La presencia de Dios era tan real que me sentía inundada, me dejaba con un hambre que sirvió para moldear mi vida.

Sí, quiero a la iglesia, pero no porque haya formado una burbuja a mi alrededor aislándome del mundo. Es exactamente lo opuesto. En ella me encontré con mis propios temores, es donde mi fe ha crecido y ha sido probada más allá de sus límites en circunstancias a las cuales yo no hubiese querido ni acercarme. Me ha forzado a hacer cosas que me aterran, como hablar en público, dirigir el coro frente a miles de personas, hablar durante la entrega del premio *Grammy* y escribir este libro. Quizás todas estas cosas sean fáciles para otros, pero son tareas muy difíciles para una persona como yo, que siempre ha preferido permanecer en un segundo plano.

La vida en la iglesia a veces no ha estado libre de riesgos. Por ejemplo, el domingo que por el pasillo principal entró a la iglesia un hombre armado con una pistola y se dirigió hacia mi esposo, o la mujer que me asaltó enfrente de la iglesia, o un viernes por la noche en que nadie podía salir del edificio después de un ensayo del coro porque había un tiroteo entre las pandillas en la calle del frente. Todos los días me reúno con personas que no tienen ni la más mínima idea acerca de mis raíces del mediooeste o de mis deseos ocasionales de volver a una vida más sencilla en el medio de algún lugar desconocido. ¿Cómo lo sabrían si ellos vienen de las transitadas calles de New York, de Trinidad, Jamaica y Puerto Rico? Una buena cantidad de ellos se mudó a los Estados Unidos en busca de una mejor vida. Algunos proceden de una pobreza inimaginable, mientras que otros son personas de negocios, doctores y aboga-

dos, todos mezclados en una maravillosa familia que forma nuestra iglesia.

Y yo también estoy inmersa en esta mezcla.
Una introvertida entre los extrovertidos. Una
mujer blanca en una iglesia de étnicas diversas.
Nunca lo bastante segura de poder hacer lo
que Dios quiere que yo haga. Segura, en realidad, de que no puedo hacerlo si Dios no hace
algo. Pero lo más hermoso es que Él hace algo.
Una y otra vez, de nuevo y de nuevo. Él resuel-
ve continuamente y es de esto que quiero ha-
blarte, de cómo Dios ha sido fiel, año tras año,
en todas las formas imaginables. Espero que
mi historia y las historias de las personas que
tanto amo, te animen y te muestren a la única
persona digna de mirar, el único por el cual
vale la pena entusiasmarse.

> *Sí, quiero a la
> iglesia, pero no
> porque haya
> formado una
> burbuja a mi
> alrededor
> aislándome del
> mundo. Es
> exactamente lo
> opuesto.*

Al hacer esto, espero darte unas pocas lecciones que he aprendido a lo largo del camino. Te invito a considerar urgentemente tus
limitaciones no como obstáculos sino como oportunidades para
que Dios muestre su ilimitado poder y amor.

La gracia de Dios en la iglesia y en el coro ha sido increíble. Él
ha sido tan bueno para nosotros. ¿Cómo es posible que alguien
que escasamente pasó la escuela secundaria y que ni siquiera lee
una nota musical, pudiera pararse en el escenario del *Radio City
Music Hall* y en *Carnegie Hall*? ¿Qué probabilidades había de que
el coro ganara cuatro premios *Grammy* y grabara veinte álbumes?
No lo estoy diciendo para impresionarte sino para mostrarte cómo Dios puede hacer algo hermoso de nuestras debilidades.

Esta no es una historia acerca de la fama o la emoción de una actuación. El coro del Tabernáculo de Brooklyn no actúa. No apoya-
mos a las superestrellas musicales, ni cantamos en las convenciones
políticas de la nación, aunque nos han invitado más de una vez.
Nuestro llamado, nuestro gran gozo es alabar a Dios y llevar a

otros cristianos a experimentarlo en adoración. También queremos cantar el mensaje del evangelio a quienes no conocen a Cristo. Así que semana tras semana abrimos nuestros corazones a Él, esperando con ansias y penosamente conscientes de que si Dios no viene a encontrarnos, nunca lograremos cumplir nuestro propósito.

No somos ingenuos a los peligros que vienen con los aparentes éxitos, porque sabemos que la propia exaltación desagrada a Dios. Y Dios no nos bendecirá si buscamos agradarnos a nosotros mismos. Le digo al coro: «Dios nos permitió ganar cuatro *Grammys*. Sin embargo, existen mejores coros. La única razón por la cual nos bendijo es usarnos para alcanzar a otras personas. Por lo tanto, recuerden quiénes son ustedes, y yo recordaré quién soy yo. Aparte de Dios no somos nada».

Así que esta es mi historia y las historias de otros que han impactado mi vida. Pero en realidad esta es la historia de lo que Dios puede hacer a pesar —no, por causa— de nuestras debilidades. Esta es la historia de cómo Él nos ama, de cómo Él actúa en maneras sorprendentes y maravillosas para hacer lo que solo Él puede hacer.

No es siempre una historia gloriosa. Algunas cosas se desordenan. Creéme, he vivido algunos días tenebrosos. Te prometo ser lo más sincera posible, aunque soy tímida. En algunas ocasiones he querido huir de esta ciudad, llevarme a mis hijos a un lugar más sano y seguro. He sentido los ataques espirituales en mi esposo y en mí misma. Momentos en que he tenido dudas y enfermedad. Pero a través de todo esto, Dios me ha dado la fortaleza para quedarme, para extenderme, para orar y para creer.

EN VIVO EN RADIO CITY

Vivir en New York no es siempre un trabajo arduo. Tiene sus ventajas, como las posibilidades de asistir a la variedad opulenta de los eventos culturales. Allí están el *Carnegie Hall*, la Ópera Metropolitana, el Teatro de Broadway, el *Madison Square Garden*, y por supuesto, el *Radio City Music Hall*, cuyo famoso escenario se diseñó de manera que semejara una puesta de sol hundiéndose en el océano de asientos de color rojo terciopelo. Una visita allí es normalmente algo para celebrar. Pero como descubrí, una cosa es sentarse en la audiencia como espectador y otra es anticipar el dirigir un coro ante un auditorium lleno.

Una tarde, en abril de 1987, me senté en mi camerino solo unos minutos antes de salir al escenario cuando sentí que mi corazón sucumbía ante un océano de preocupaciones.

El Coro del Tabernáculo de Brooklyn había pasado semanas ensayando para este debut en el escenario más grande y famoso del mundo. Ahora los miembros del coro estaban parados en el sótano del Radio City Music Hall esperando subir los 8,2 metros [veintisiete pies] hasta el auditorio. El escenario que nos subiría era manejado por un sistema hidráulico, que una vez se consideró secreto de guerra por la influencia que tuvo en el diseño de los portaaviones que se usaron durante la Segunda Guerra Mundial. Tiene el ancho de toda una manzana de una ciudad, y esto haría posible una entrada memorable.

Aunque esa noche Dios nos daba esta oportunidad extraordinaria, yo no estaba sonriendo. En ese momento prefería escalar el Monte Everest antes que subir al escenario. Me sentía confusa, cansada hasta los huesos y con la mente en blanco. La primera canción, la que fijaría el tono para el resto de la noche, era muy complicada porque era difícil marcar el tiempo usando la pista que sincronizaba la orquestación grabada con nuestra música en vivo. Cada vez que la ensayábamos, yo contaba mal haciendo que el tambor y el coro no entraran en el momento correcto. Si esta noche me volvía a equivocar, yo, y el coro que tanto quiero, haríamos el ridículo frente a miles de personas.

Me hundí aun más en mi silla, sabiendo que solo faltaban quince minutos para que las cortinas se abrieran. «¿Dios, cómo voy a hacer esto?» Ni siquiera era una oración porque no tenía ni la energía ni la fe para orar.

Entonces, mientras me incliné para ponerme los zapatos, la atmósfera del cuarto de repente se aclaró, y sentí que algo vino sobre

mí, que me recorría igual que una onda de luz, quitando la nebli-
na. Cargada totalmente, llena de fe, dispuesta a hacer lo que tenía
que hacer a pesar de sentir tanta presión. Me reuní con el resto del
coro que ya estaba entrando al elevador gigante. A medida que el
escenario comenzó a subir, me sentí lista para cualquier cosa.

LA GRAN CIUDAD

Nadie está más sorprendido que yo con respecto a la manera en
que Dios ha venido obrando en mi vida, especialmente cuando
pienso en el primer momento en que vi la ciudad de New York.
Era el 1954, durante la misma mitad del primer término de Eisen-
hower como presidente. Yo solo tenía seis años de edad, una niña
entrando a un mundo nuevo, ajena de cualquier cosa que fuera
más allá de lo que me estaba sucediendo a mí y a mi familia mientras entrábamos en el auto a la ciudad una húmeda noche de agos-
to. Aunque abrimos las ventanas, se sentía tanto calor que mis
piernas se pegaron al vinilo del asiento de nuestro Mercury azul
del año 1954. Yo trataba de cambiarme con los otros niños también pegados en el asiento de atrás, la piel de la parte de atrás de
mis piernas se sentía como si arrancaran una cinta engomada de
un paquete. Debió haber sido más incómodo para mi madre la
cual estaba embarazada e iba sentada al frente, al lado de mi padre.

«¿Quién escogió este lugar?» «¿Aquí nos vamos a mudar?»
«¡No hay jardín!» Mi hermano mayor, mi hermana y yo sentíamos
como si la ciudad nos diera vueltas ante nuestros ojos. Nuestras raíces procedían del medio oeste, y la noche en New York era un impacto para niños acostumbrados a lugares abiertos y a grandes pa-
tios. Una de nuestras primeras comidas también se convirtió en
un impacto. No conocíamos la pizza. ¿Cómo alguien podría com-
binar queso con salsa de tomates, un montón de cosas extrañas sobre una corteza plana y grande que han tirado al aire dándole vueltas? ¿Qué ha pasado con la cacerola de papas al vapor, el pollo
frito, las habichuelas y el pan blanco con mantequilla? Esta nueva

comida era extraña y picante, una mezcla sorprendente de ingredientes igual que la misma ciudad.

Mi papá había aceptado una invitación para ser el pastor del Templo Maranatha, una congregación escandinava en Brooklyn. Antes servía como pastor de una iglesia en Chicago.

Un mes después de nuestra llegada, en la oficina de mi papá estaba una niña de seis años con pelo rubio, sentada sobre la mesa, esperando con paciencia mientras mi mamá me estiraba unos calcetines y me abrochaba las hebillas de mis mejores zapatos domingueros. De repente, un jovencito asomó su cabeza por la esquina y se quedó mirándome fijamente. Esa fue la primera vez que vi al pequeño Jimmy Cymbala, un niño con la cara redonda cuya familia llegó a la iglesia poco después que nosotros. Jim tenía once años, y él y mi hermano Richard, enseguida se hicieron buenos amigos. Jim pasaba la mayor parte de su tiempo en nuestra casa, y me trataba como a una hermanita molestosa y nada más.

De los seis niños de mi familia, creo que todos estarían de acuerdo en que yo era la que menos probabilidades tenía de madurar o hacer algo digno de recordar. Era tan tímida e insegura que ni siquiera me atrevía a levantar la mano en la escuela.

Si pudiera descartar solo uno de los recuerdos de aquellos primeros días, sacaría el día que tomé mi primer examen. Mientras los otros alumnos del primer grado se inclinaban sobre sus papeles, yo me senté en silencio, sin hacer nada, no estaba segura de lo que debía hacer sin un lápiz para escribir. Pasaron diez minutos antes de que yo pudiera reunir suficiente valor para pedir uno. Cuando lo hice, la maestra descargó su ira, gritándome y tirando un libro sobre su escritorio tan duro que yo pensé que iba a desbaratar la mesa. Pero no fue así. En cambio fui yo la que se desmoronó. Para una niña tímida, incapaz de expresar con palabras sus pensamientos o sentimientos, esta no era la mejor manera de comenzar. No congenié con la escuela, ni en ese entonces ni nunca.

Sin embargo, estar en la iglesia era totalmente diferente. Me encantaba. Me motivaba tanto entusiasmo y felicidad en mi vida de seis años. Y ya que en aquellos días cualquiera, sin importar la edad, se podía unir al coro, yo lo hice, pretendiendo que podía leer y creyendo que engañaba a todos mientras sostenía un gran himnario que me cubría la cara. Nuestro pequeño coro no era gran cosa, pero por lo menos lo apoyaba una pequeña banda de cuerdas y un piano.

Junto a mi familia yo pasaba en la iglesia las noches de los miércoles y los viernes, y todo el domingo, la mayor parte del tiempo arrodillada en el altar después de cada servicio. Algunas personas estaban allí un largo rato esperando en Dios. Nadie pensaba en el tiempo porque cuando se está en la presencia de Dios no existe el tiempo. Uno nunca está apurado. Uno nunca está aburrido. Uno se siente feliz y en paz.

> *Nadie pensaba en el tiempo porque cuando se está en la presencia de Dios no existe el tiempo. Uno nunca está apurado. Uno nunca está aburrido.*

Pero con todo lo buena que era mi vida en la iglesia, siempre estuvo empañada por el temor a la escuela que me estaba esperando cada lunes por la mañana.

La escuela nunca fue un lugar seguro para mí, un lugar donde pudiera desenvolverme, aprender de mis errores y desarrollar mis talentos.

De todas formas, hasta donde sabía, no tenía ningún talento, por lo menos no del tipo escolar. Me sentía atemorizada, incapaz de dar la talla. Era una soñadora, una niña que le gustaban las cosas creativas y los trabajos manuales, pero odiaba estudiar. Eso asustó a los del primer grado, de hecho, tipificó mi experiencia de la vida durante un buen tiempo. Dado mi profundo nivel de inseguridad, te preguntarás por qué no pasé la vida en el más pequeño de los rincones, haciendo de mi mundo un lugar seguro aunque limitado. Si conoces algo de Jim, mi esposo, que en su primer libro *Fuego vivo, viento fresco*, cuenta la historia de algunas de las maneras en que Dios obró en nuestras vidas, te darás cuenta de lo difícil que ha sido para él estar casado con alguien que se resiste, negándose a tomar los riesgos que Dios le pide. Sin embargo, no fue mi matrimonio lo que me sacó de mi zona de comodidad. Ni tampoco las circunstancias de mi vida. Por el contrario, fue el increíble amor de Dios que yo sentí. Solo he querido corresponder a ese amor de la mejor manera posible y siempre he sabido que amarlo significa decir sí, no importa todo lo torpe y cobarde que me sintiera. Recuerdo que cuando tenía diecisiete años oré así: «Dios, cualquier cosa que tú quieras con mi vida, cualquier cosa que tú quieras que haga, quiero decirte "sí"». Eso fue suficiente.

Es verdad que provengo de una familia musical. Mi abuela paterna era una talentosa pianista y mi papá grabó varios álbumes. No obstante, mis habilidades naturales nunca han sido tan fuertes como para sobrepasar mi sentido de incapacidad y mis temores al público.

Al principio Dios me pidió pequeñas cosas, aunque en aquel momento las sentía bastante grandes. Siendo una adolescente tocaba el piano y el órgano en la iglesia de mi padre. Luego, cuando tenía veintidós años, Jim y yo estuvimos pastoreando una pequeña iglesia en Newark, New Jersey, donde formé mi primer coro. Invité a seis mujeres de mediana edad para venir a mi casa y enseñarles solo un sencillo himno que pudiéramos cantar juntas en la iglesia. Eso no era nada difícil. Pero me sentía tan joven y fuera de lugar, aunque mi esposo era el pastor. ¿Quién era yo para decirles algo a estas mujeres? No comí en todo el día y estaba tan nerviosa que esa tarde me enfermé antes de que ellas llegaran y seguí enferma después que se fueron. Pero sobreviví.

MÁS DESAFÍOS

En 1979, Jim y yo fuimos a la Iglesia del Tabernáculo de Brooklyn. Para ese entonces yo tenía alrededor de setenta miembros en el coro, y decidimos hacer nuestra primera grabación. Una cosa nos llevó a la otra y me encontré en un estudio de grabaciones en Manhattan donde Frank Sinatra grabó «*New York, New York*». Mi productor tenía unas magníficas credenciales porque trabajó con Natalie Cole en un álbum anterior. Como nunca recibí clases de música ni tampoco leía música, mis inseguridades aumentaron hasta tener el tamaño de la montaña más grande del mundo. Pero yo tocaba el piano y el productor trajo a otros músicos profesionales para proveer la base rítmica. Comenzamos a las 7:00 p.m. y terminamos a las 2:20 a.m. Se hizo todo en menos de ocho horas, el coro, los solos, la pista de ritmo, todo menos la orquestación. Era inaudito, pero de todas formas lo hicimos.

Entonces fuimos a Chicago a grabar la orquesta. Tenía una canción para la cual necesitaba un solista así que le pedí a un cantante de música gospel que conocía que lo cantara. El solista cantó de manera tal que mostraba su talento pero muy poco de corazón. Para mí la canción era sagrada, así que asomé mi cabeza en el estudio y le pregunté si se podía cantar un poco más directo. En lugar de sonreír y asentir con la cabeza, el solista se viró y dijo: «No me vengas con esa basura» y la volvió a cantar como antes. Yo no sabía cómo responder. Estaba tan aplastada. Esta persona estaba preparada y yo no. Yo solamente podía confiar en mis oídos y corazón. Lo dejé pasar.

> *Como nunca recibí clases de música ni tampoco leía música, mis inseguridades aumentaron.*

Después Word Music escuchó nuestra primera grabación, le gustó y quería que el coro firmara un contrato con ellos. Esto fue en el año 1981. Aunque Word nos ayudó mucho, esos primeros años fueron muy dolorosos. Los músicos de Nashville con los cuales trabajamos venían de un mundo totalmente blanco y no tenían ni la más mínima idea de la clase de música que nosotros cantábamos. Me miraban y veían a una mujer blanca, sin nunca imaginarse el verdadero mundo en el que yo vivía.

Yo escribía los cantos con ciertos sentimientos y ritmos y al grabarlas ellos me las cambiaban. Después de completar un álbum, me deprimía. No se oía para nada igual a la música que hacíamos en la iglesia. Pero seguía pensando: *¿Qué sé yo? No puedo decir* nada porque no he estudiado. Ellos deben saber porque con eso es que se ganan la vida. De nuevo afloraba mi inseguridad, cohibiéndome de expresar lo que sentía en mi corazón.

A veces, al recordar mi vida, me he tenido que reír. ¿Cómo fue posible que seis mujeres de una pequeña iglesia en Newark me hicieran paralizarme? ¿Cómo pude ser tan tímida con esas primeras grabaciones? Cualquiera que me conozca te podría decir que en la actualidad no tengo ningún problema al imponerme cuando creo que la música va en una dirección equivocada. Dichos recuerdos parecen cómicos a la luz de las demás cosas que Dios me ha pedido hacer desde entonces, como dirigir el coro en el *Madison Square Garden* o enseñar a miles de directores de coro a través del país.

SENTIRSE ESTIRADO

Debido a la manera en que Dios ha obrado en mi vida, reconocí la importancia de rendirme a Él. Tantas son las veces que nuestra relación con Él se estanca porque estamos empeñados en controlar nuestras vidas. Nos convertimos en tercos y egocéntricos; o nos atemorizamos en el momento en que nos sentimos estirados, molestos, o torpes y entonces damos un paso atrás. Creemos que algo debe andar mal si nos sentimos así. Lo último que cualquiera de nosotros quiere es parecer tonto. Preferimos buscar la seguridad. Queremos confiar y obedecer a Cristo, pero solo hasta cierto punto.

Nuestro deseo de mantener el control nos fuerza a pagar el precio más alto que se puede imaginar, permitir que gradualmente se enfríe nuestra relación con Dios. En poco tiempo nos convertimos en algo mecánico y perdemos todo sentido de pasión en el servicio del Señor. Hacemos los movimientos, pero nuestras vidas están vacías y la fe se degenera en una mera religión superficial.

Créeme, no disfruto al decirte el alcance de las inseguridades que sufro. Esta no es otra historia de interés humano de cómo alguien superó grandes obstáculos para así vivir el sueño americano.

Si he hecho algo de valor, solo ha sido por la gracia de Dios, porque Él se muestra fuerte en mi debilidad. Él usa mis dificultades para moldearme. Es un tipo de proceso cernido que es cualquier cosa menos cómodo. Charles Spurgeon, el gran pastor y predicador que vivió en los 1800 y que combatió serias depresiones, dijo que el secreto de muchos hombres y mujeres que han bendecido a otros se puede encontrar en sus reacciones al tremendo desafío con el que *ellos mismos* tienen que batallar. Dios los bendice y los usa, no a pesar de sus dificultades, sino debido a ellas.

> *Nuestro deseo de mantener el control nos fuerza a pagar el precio más alto que se puede imaginar, permitir que gradualmente se enfríe nuestra relación con Dios. En poco tiempo nos convertimos en algo mecánico y perdemos todo sentido de pasión en el servicio del Señor.*

No puedo dejar de pensar en cómo Dios usó a la gente en la Biblia, los hermanos de José lo odiaban y lo vendieron como esclavo. Sin embargo, se convirtió en un líder de Egipto. Elisabet ya era mayor y no podía concebir hijos. Sin embargo, se convirtió en la madre de Juan el Bautista. Pedro era un simple pescador que predicó a miles durante los días del Pentecostés. ¿Acaso alguna de esas personas fue producto de sus propios esfuerzos? No lo creo. Sus historias no destacan su esfuerzo sino el poder y el amor de Dios en medio de sus limitaciones.

Realmente me impactó la forma en que A.B. Simpson, en su libro *The Holy Spirit* [El Espíritu Santo], reflexiona sobre la historia de Moisés. Aunque Moisés se encontró con Dios en el desierto de una manera muy dramática, se resistió a hacer lo que Dios le pedía porque se sintió inadecuado y le dijo: «SEÑOR, yo nunca me he distinguido por mi facilidad de palabra … Y esto no es algo que haya comenzado ayer ni anteayer, ni hoy que te diriges a este servidor tuyo. Francamente, me cuesta mucho trabajo hablar». ¡Ajá!

¿No le parece conocido? Pero Dios le contestó: «¿Y quién le puso la boca al hombre? ... ¿Acaso no soy yo, el SEÑOR, quien lo hace sordo o mudo, quien le da la vista o se la quita?» No obstante Moisés insistió: «SEÑOR, ... te ruego que envíes a alguna otra persona» (Éxodo 4:10-14). Por fin Dios le dijo a Moisés que su hermano Aarón sería su vocero.

Lo que A.B. Simpson señala es que la fe de Moisés era demasiado pequeña, que no era lo suficientemente grande como para corresponder con la promesa que Dios le había hecho. Así que dividió su responsabilidad con el hermano y lo que este realmente hizo fue empeorar las cosas. Hubiera sido más fácil si sencillamente Moisés hubiera obedecido a Dios.

Si de veras quieres que Dios te use, entonces debes estar dispuesto a seguirlo a lugares incómodos y a hacer las cosas que simplemente no puedes hacer por tu propia naturaleza. Si todo esto te parece extraño, tienes que recordar que los caminos de Dios no son nuestros caminos. La vida que Jesús ofrece es una vida sobrenatural y esto hace que todo se torne al revés, haciendo que nada parezca tener sentido para la mente humana. En su infinita sabiduría, Dios hace cosas de maneras que a nosotros nunca se nos ocurrirían aunque tuviéramos un millón de años para pensar en ellas. Él escoge al tonto para mostrar mejor su sabiduría. Elige al débil para mostrar su fortaleza (1 Corintios 1:26-29).

> *Si de veras quieres que Dios te use, entonces debes estar dispuesto a seguirlo a lugares incómodos y a hacer las cosas que simplemente no puedes hacer por tu propia naturaleza.*

La historia de mi vida implica hacer precisamente las cosas que yo temo. No quiero decir que odie el hecho de usar mi talento musical o dirigir un coro. Desde niña soñé con dirigir un gran coro, pero nunca me gustó la publicidad, la atención que viene con ese trabajo. Nunca quise parame en un escenario y hablar. Pero de todas formas lo he hecho y como resultado aprendí por lo menos una cosa: aunque hacer la voluntad de Dios nunca ha sido fácil, siempre ha sido bueno. Siempre ha sido mejor de lo que me imaginé, llevándome más allá de mis pequeños planes a los grandes planes de Dios. Debido a su promesa y fidelidad probada sé que nada es imposible para Dios.

AQUÍ VAMOS

Esa noche, mientras caminaba hacia el elevador en *Radio City Music Hall*, yo estaba temblando, pero no era de los nervios. «Señor, aquí vamos» dije a medida que el elevador comenzó a subir. La orquesta tocó la primera nota y yo comencé el conteo regresivo. ¿Lo haría bien aunque siempre me equivocaba? Vestidos con trajes de noche blancos y esmóquines negros, hicimos nuestra entrada en un remolino de humo en contra del refulgente telón de fondo de una noche de Manhattan. La base rítmica y el coro entraron en el momento preciso y correcto y la audiencia se levantó en un aplauso espontáneo. Me sentí como si me hubieran tirado en la cima de la montaña más alta del mundo. ¡Qué espectáculo!

Más tarde oí las historias de los que se sintieron impactados con el evangelio, la música y la adoración que llenó el Radio City Music Hall. La gente vino porque les atraía la música pero muchos se fueron con una nueva fe en Jesucristo. Yo sabía que Dios, y no Carol Cymbala, era quien había orquestado los programas de esa noche. Él me usó a pesar de mi renuencia. Y también usó a cada uno de los miembros del coro, cuyas voces se combinaron en una maravillosa canción de alabanza para llamar a hombres y mujeres quebrantados.

Un soltero llamado Bob Adamo era uno de los que componían la audiencia esa noche. Era administrador de ventas de la IBM y vivía en el elegante distrito de Brooklyn Heights. Alguien que trabajaba en la oficina lo invitó al concierto.

«Todos creían que yo era todo un éxito. Tenía dinero, un hermoso lugar para vivir, un trabajo que me encantaba. Por lo general le agrado a la gente, aunque por alguna razón no encontré nunca a la muchacha correcta para casarme. De hecho, mi vida giraba alrededor de mi trabajo. Nada más llenaba mi tiempo. Aunque pareciera que vivía el sueño americano, comencé a sentirme muy descontento, aun más, deprimido. Realmente hasta en muchas ocasiones consideré el suicidio, pero no tuve valor para matarme. Así que el trabajo se convirtió en mi mecanismo de escape. Dejé que me tragara para así no tener que encararme a mí mismo, no tenía que tratar con la depresión que sentía. Si alguien notaba algo malo, pensaría que estaba solo y necesitaba una novia. Pero no era tan sencillo.

»Después de un tiempo entablé una amistad con alguien en el trabajo que me habló de Dios. Más de una vez me invitó a ir al Tabernáculo de Brooklyn, pero siempre tuve una excusa. Por último me invitó a un concierto en *Radio City Music Hall*. Eso estaba bien. Después de todo, era en *Radio City* y no en una iglesia.

»Lo único que a ella le faltó mencionar fue que este no era un concierto ordinario, sino uno en el que alguien se pararía a predicar. Yo no estaba preparado para eso. Ni siquiera recuerdo lo que el Pastor Cymbala dijo esa noche, pero luego de oír al coro y escuchar sus palabras, supe que tenía que tomar una decisión. Así que me puse de pie tan pronto como pidieron que las personas que quisieran aceptar a Cristo se pararan para orar.

»Después de eso comencé a asistir al Tabernáculo de Brooklyn y hasta me uní al coro, y eso sí fue asombroso porque no tengo una buena voz y es difícil pertenecer al coro. Espero que Carol no descubra su error porque no dejo de pensar que ella me confundió con algún otro cuando me probó. Aunque creo que acabo de delatar ese secreto, ¿no es cierto?

»De cualquier manera, después de un tiempo desapareció la depresión. No sé exactamente lo que pasó, excepto que Cristo me liberó. Dejé de ser un adicto al trabajo, ahora me he suavizado bastante. No tengo novia, pero estoy feliz. Y es maravilloso para mí verme tan cerca de puertorriqueños, jamaiquinos, afroamericanos o quién sabe qué. Después de todo, soy un italiano que creció en un vecindario que tenía los típicos prejuicios respecto a las minorías. Pero desde que Cristo me transformó no tengo ningún veneno en mi corazón. Ahora pertenezco a la familia de Dios y me encanta».

Aunque todavía no había conocido a Bob Adamo ni tampoco había oído todas las historias de lo que Dios hizo esa noche, supe que Él estaba obrando. Después del concierto, salí caminando. De repente, un montón de jóvenes salió del tren subterráneo como una manada de lobos, buscando problemas. Mientras me pasaban, uno de ellos me pegó por la espalda sin razón alguna y casi me tira al medio de la calle. En cualquier otro momento me habría asustado con un ataque así. Pero esa noche la tensión física y emocional después del concierto me dejaron demasiado agotada como para dejarme preocupar. Así que al contrario, me dio ánimo porque supe que obviamente alguien estaba molesto por lo sucedido en uno de los teatros principales de la ciudad. Este pequeño empujón de Satanás no pudo robarme mi gozo.

DOS

MI PROVEEDOR

Todos los días me relaciono con personas que aparentan tener una autoconfianza suprema. Esto es especialmente cierto en un ambiente de ritmo acelerado como el de la ciudad de New York, de la cual se dice que solo sobrevive el más fuerte. Cualquiera que viva aquí sabe que si no es agresivo probablemente lo pisarán. En ninguna cultura o sociedad se admira la debilidad y casi siempre se ve como un fracaso o inferioridad. Si tú eres débil, a menudo abusan o toman ventaja de ti.

Sin embargo, el cristianismo se basa en principios muy diferentes. Mientras más crezcas en el conocimiento de Dios, mejor comprenderás que Él te llama a vivir una vida que contradice los valores de este mundo. A Dios le gusta vernos reconocer nuestras debilidades porque eso nos lleva a depender de Él. Nuestra completa dependencia le da a Dios plena soberanía para glorificarse sin que se interpongan nuestros débiles esfuerzos.

Es casi cómico considerar lo tonto que debemos vernos cuando orgullosamente basamos nuestras identidades en nuestras habilidades. ¿Le impresionan a Dios nuestras habilidades? A él le bastó hablar para crear al mundo. Él es omnipresente, omnipotente y omnisciente, entonces ¿cómo pude alguna vez pensar que mi habilidad para tocar el piano o escribir una canción podría impresionarlo de alguna forma?

En su carta a los filipenses el apóstol Pablo trata el asunto de la autoconfianza. Pablo tenía mucho a su favor de acuerdo a las normas de su mundo. Para probarlo él incluye una larga e impresionante lista de sus credenciales. Qué sorpresa es cuando a continuación dice que considera todas estas cosas como pérdidas por tal de conocer a Cristo. Lo que más ansiaba Pablo en este mundo era conocer a Jesús. Sabía que no había logros, dones ni habilidades que lo ayudaran a conseguir su propósito. De hecho, él comprendió que estas mismas cosas tenían el potencial de convertirse en un impedimento para conocer a Dios si por causa de ellas él se iba a sentir autosuficiente.

En su segunda carta a los corintios, Pablo explica que el poder de Dios se perfecciona en la debilidad. Él ofrece su experiencia como prueba que el poder de Cristo realmente «descansa» en nosotros cuando somos débiles. Al reconocer nuestras limitaciones nos abrimos a la gracia ilimitada de Dios.

Esta es la historia de mi vida. Una y otra vez Dios me ha llevado más allá de mis límites, pidiéndome que lo sirva de maneras que sencillamente yo no podría sin su gracia. En esos momentos de mi debilidad he visto a Dios intervenir en maneras que le puedo acreditar solo a Él. Con toda fidelidad Dios ha probado que «cuando soy débil, entonces soy fuerte».

MÁS QUE SUFICIENTE

Si te fuera posible dirigir el coro algún domingo, es probable que no creas las necesidades que se esconden detrás de cada sonrisa. No te darías cuenta de que estás mirando a una joven a la que acaban de diagnosticarle esclerosis múltiple. No podrías saber que el hombre en la fila del frente perdió su trabajo y no ha podido encontrar otro. Dudo que seas capaz de encontrar al exhausto médico que trabaja de partero día y noche y fielmente viene a los ensayos del coro y a los cultos de los domingos. Verías a muchos otros, el hombre que ora con todo afán por su esposa que no es salva y la mujer cuyo hijo está cumpliendo una sentencia de por vida por un crimen. Si conocieras todas estas historias, te preguntarías cómo les es posible mantener el gozo que es tan evidente en sus caras. La respuesta se encuentra en la letra de una canción. Se llama *More Than Enough* [Más que suficiente], una canción que canta el coro con gran convicción:

> Jehová-Jireh, eres mi proveedor
> Eres más que suficiente para mí
> Jehová-Rafa, eres mi sanador
> Tus llagas me liberaron
> Jehová Shammah, aún estás conmigo
> Tú suples todas mis necesidades
> Eres más que suficiente
> Más que suficiente, más que suficiente para mí.

Reboso de alegría el experimentar lo que Dios me provee de maneras personales y tangibles. Es muy difícil entender su bondad. Me doy cuenta de que Dios es completamente capaz de brindarme protección y provisión sin considerar lo difícil que pueda ser mi vida.

Sin embargo, he aprendido que para la mayoría de nosotros la confianza no viene de forma natural. Es algo que se desarrolla y no precisamente en medio de los tiempos buenos sino en medio de las dificultades. Mientras más confiemos en Dios, no importa cuál sea nuestra circunstancia actual, más fácil será confiar en Él en el futuro porque veremos cuán fiel es con nosotros.

Todo lo que sé acerca de la confianza en Dios proviene en primer lugar de mi familia. Estoy segura que absorbí esto de mis padres que para todo dependían de Dios, hasta para el alimento con el cual nutrían a sus seis hijos. No puedo hablar de la confianza sin contarte de ellos.

COMIENZOS

Clair Hutchins, mi padre, creció en una finca en Illinois, sin saber nada o muy poco acerca de Dios. Inez, su mamá, solo tenía dieciocho años cuando se casó con un viudo de treinta y ocho años de edad que tenía dos hijos que casi eran de la misma edad de ella. Luego tuvo dos hijos, el segundo de ellos era mi padre. Esta combinación inusual fue causa de constantes peleas y contiendas. No era un hogar feliz para criar a un muchacho de temperamento dulce.

Cuando papá estaba en la secundaria ganó una competencia vocal que lo colocó en el primer lugar de Illinois. El premio fue una beca en el Conservatorio Americano de Música en Chicago. Para un hombre amable como mi padre, fue un alivio dejar la vida contenciosa de su hogar. Más tarde terminó el conservatorio y se unió a la Compañía Americana de la Ópera. Este fue el comienzo de una carrera prometedora para un joven bien parecido con pelo castaño ondulado. Ahora podría suceder cualquier cosa. Y algo inesperado sucedió.

Un día papá decidió hacer auto stop para pasar un fin de semana en la casa de la finca. Se paró en la empolvada carretera en las afueras del pueblo y se alegró al ver un gran automóvil que por fin se detenía. Con rapidez abrió la puerta del pasajero, doblando su alto y delgado cuerpo para acomodarse en el asiento del frente.

A medida que el auto saltaba a lo largo del camino de grava, el conductor comenzó a hablar. Le habló de un Dios que nos ama más que lo que cualquier ser humano pudiera amarnos. Acerca de un Dios tan desesperado por revelarse a sí mismo que se hizo hombre y la gente que amaba lo torturaron y lo mataron. Habló de un Dios tan poderoso que resucitó a su Hijo de los muertos. La historia cautivó la atención de un joven que desconocía el evangelio, y cuando se bajó del auto y se despidió, el mundo de mi padre se había trastornado.

El conductor del auto resultó ser nada menos que el Dr. Robert Cook que luego llegó a ser el presidente de *King's College* [Universidad del Rey], una escuela evangélica en la costa este, y un reconocido maestro de la Biblia con un programa de radio nacional. Aunque ese día el Dr. Cook iba manejando por una ruta conocida, de alguna forma se las arregló para perderse. Nunca pudo saber cómo terminó en esa carretera rural de Illinois, donde Clair Hutchins estaba esperando que alguien lo llevara gratis. Sin embargo, así sucedió, ese día un hombre perdió su camino para que otro pudiera encontrarlo. Mi papá fue el primero en su familia que recibió a Jesucristo como su Salvador.

Papá estaba tan contento con el amor de Dios que aplazó todos sus planes, listo para hacer cualquier cambio que Dios le pudiera indicar. Decidió dejar la compañía de ópera para asistir al Instituto Bíblico Moody y más adelante al seminario de los bautistas del norte. Pocos años antes de yo nacer, aceptó un puesto de director de música en una iglesia en Chicago y más adelante el de pastor de *Beulah Temple*, una iglesia en el sur de esa ciudad.

Cuando mi padre salía a predicar los domingos por la mañana, vestido con un traje azul prusia, corbata roja y camisa blanca, no había otro que se le igualara. Era un hombre alto que hacía amistad con cualquiera, sin importarle de qué color era la gente o de dónde procedía o cuánto dinero ganaba o dejaba de ganar. Quería a todo el mundo, en especial a su congregación, desde la ancianita más refunfuñona hasta el más arrogante de los miembros de la junta de diáconos. Pero para el resto de nosotros no era fácil ver, en ocasiones, cómo lo trataba la gente a quien él servía. No importaba lo cruel que fuera la gente, nunca tomó represalias. Nunca se dio por vencido con nadie. El amor de papá me predicaba constantemente.

Si bien nunca me sentí pobre, nuestra familia atravesó algunos tiempos difíciles. Recuerdo una navidad en particular. Yo tenía ocho años y vivíamos en Brooklyn. Mi padre ganaba un pequeño sueldo y de ahí tenía que sostener una esposa y seis hijos.

Un sábado, precisamente antes de navidad, contó cuatro billetes de un dólar, los puso en mis manos y me llevó a una tienda para que yo hiciera mis compras de navidad. Aquellos cuatro dólares me parecieron como un millón hasta que traté de comprar nueve regalos, siete para mi familia y dos para unas compañeritas de juego del vecindario, Linda y Carol. Afortunadamente divisé dos pares de calcetines, uno azul y otro rosado. Perfecto —pensé— para mis amigas.

Poco antes de navidad me encontré en la calle con mis amiguitas para intercambiar los regalos. Fui la primera en abrir una caja con una hermosa envoltura que me regaló Linda. Dentro estaba mi juego de mesa preferido. Después vino Carol y me dio su regalo, un costoso juego de muñecas de papel. Yo estaba emocionada. Ahora era mi turno para entregarles los regalos que tan cuidadosamente seleccioné para ellas. Tan pronto como mis amiguitas abrieron sus regalos, me tiraron las medias a la cara, agarraron los regalos que me habían entregado y se fueron corriendo para sus casas. ¡Qué amigas!

Ahora me sonrío al recordar la historia, pero en ese momento estaba devastada. A pesar de tales sorpresas, consideraba que mi vida era rica y plena, rodeada por una gran familia de la iglesia, cinco hermanos y hermanas y unos padres que me querían. Y desde luego, también ese amigo de mi hermano, Jimmy Cymbala, que entraba y salía de nuestra casa.

CONFIAR JUNTOS EN DIOS

A medida que pasaba el tiempo, mi relación con Jim Cymbala comenzó a cambiar. Cuando yo tenía quince años, él dejó de pensar en mí como la hermanita fastidiosa, y yo dejé de pensar en él como meramente el mejor amigo de mi hermano. Jim comenzó a escribirme desde la Academia Naval de los EE.UU., donde asistía a la escuela. Como cualquier otra pareja, sufrimos nuestras altas y bajas a través de los años subsiguientes. Discutíamos, nos peleábamos y de nuevo nos reconciliábamos; pero durante todo ese tiempo, ninguno de los dos dudó que un día nos casaríamos.

Después de graduarme de la escuela superior, no fui a la universidad, pero trabajé en algunos sitios diferentes antes de aceptar un puesto de recepcionista en una compañía farmacéutica. Entre tanto, Jim dejó la Academia Naval porque tuvo una lesión en la espalda y completó su carrera en la Universidad de Rhode Island. Finalmente regresó a su casa en Brooklyn donde consiguió un buen trabajo con una compañía de aerolíneas. Entonces, cuando yo tenía veintiún años nos casamos y nos mudamos a un apartamento muy bonito en Brooklyn. Ahora que estábamos juntos la vida debía ser casi perfecta. Pero en realidad nos sentíamos miserables.

El problema era Dios.

Lo que quiero decir es que Dios estaba tratando de llamar nuestra atención, pero nosotros no lo estábamos atendiendo. Jim venía sintiendo el llamado de Dios para servir como ministro, pero no se sentía cualificado. Después de todo, no tenía título de un seminario. No había pasado ni un solo día en una escuela bíblica y mucho menos en un seminario. No sabía ni una palabra de griego ni hebreo. ¿Qué sabía de predicar o pastorear una iglesia? Además tenía una esposa y una hija que mantener. Nuestra hija, Chrissy, nació a los once meses exactos después de casarnos.

Por mi parte, seguía la corriente de las cosas según se presentaban, procurando ser una buena esposa. Pero no nos se sentíamos cómodos con solo ir a la iglesia los domingos y ya. Dios estaba creando una inquietud en nosotros de la cual no nos podíamos librar.

Para ese entonces ya mi padre no era el pastor de una sola iglesia sino que estaba atendiendo dos congregaciones. Después de un tiempo llamó a Jim para decirle que la iglesia de Newark necesitaba un pastor y le preguntó a Jim si él estaría dispuesto a llenar esa necesidad. Jim le contestó que oraría al respecto. Un día llegó del trabajo, me hizo sentar y dijo: «Mira, Carol, hoy renuncié a mi trabajo. Tengo que obedecer a Dios. Necesitamos comenzar a trabajar en la iglesia de Newark».

Ahora que estábamos juntos, la vida debía ser casi perfecta. Pero en realidad, nos sentíamos miserables.

No me resentí pensando que no me hubiera consultado antes de renunciar porque yo sabía que esto era lo que Dios quería que hiciéramos. Me alivió saber que daríamos este paso aunque no sabíamos de dónde vendría el dinero.

ADAPTACIÓN

El dinero no era lo único que me preocupaba. Yo era joven, con una recién nacida, y a mi esposo le faltaba la preparación formal. Pero sobre todo, la congregación de este barrio céntrico de la ciudad era afroamericana, compuesta por personas que en su mayoría andaban por los treinta y cuarenta años. Esto acentuaba aun más nuestra juventud y nos colocaba en una situación cultural única.

Sin embargo, esto no era una nueva experiencia para ninguno de los dos. Yo había crecido en la iglesia de mi padre en Brooklyn, y él siempre había aceptado todo tipo de personas sin importar la raza. Este hecho, combinado con la fuga de los blancos hacia los suburbios, había cambiado la composición racial de la iglesia. Así que, para cuando cumplí los once años, el mundo de mi iglesia era mayormente negro. Jim, por otra parte, se había pasado todo el tiempo jugando baloncesto en los campos de recreo de la ciudad de New York donde no existían prejuicios raciales. La realidad era que la mayor parte de nuestras vidas, antes y después de mudarnos a Newark, la habíamos pasado aprendiendo acerca de otras culturas.

Aunque me encantaba la variedad que inevitablemente traen estas experiencias, soy culpable de mi cuota de «meteduras de pata». Como la vez que invité a unas personas de las Antillas a una comida de Acción de Gracias con nuestra familia. Yo tenía ocho meses de embarazo de mi segundo hijo y recuerdo lo mucho que trabajé para hacer la comida, pero nunca se me ocurrió pensar que nuestros invitados podrían preferir una comida picante en lugar de la fiesta tradicional americana. La mesa estaba bellísima, el pavo bien dorado, el puré de papas era una crema blanca, suave, con salsa. Pero nuestros invitados apenas probaron la comida sin duda alguna pensando que estos eran platos más bien extraños y muy blandos. Nuestro intento de hospitalidad resultó ser un completo desastre. Esa noche yo estaba tan agotada que después que todos se fueron me desplomé en un sofá y me eché a llorar.

UNA PEQUEÑA IGLESIA CON GRANDES PROBLEMAS

La iglesia de Newark le pagaba a Jim un modesto sueldo, y aunque éramos jóvenes e inexpertos, la congregación nos aceptó con relativamente pocas dificultades; y Jim y yo dejamos de sentirnos tan inquietos. Nos alegraba estar haciendo lo que creíamos que era la voluntad de Dios.

Un día, después de pasar dos años en Newark, mi padre llamó a Jim. Le quería hablar acerca de una pequeña iglesia en Brooklyn que tenía grandes problemas. Irónicamente, mi madre era en parte responsable de esta situación. Hacía unos años que ella y algunas amigas venían orando para que Dios desarrollara una iglesia donde se manifestara su poder. Ese fue el comienzo del Tabernáculo de Brooklyn, que comenzó en la avenida Atlantic, exactamente al otro lado de la calle donde ellas oraban.

Mi padre había estado supervisando esta iglesita que luchaba por abrirse paso y se preguntaba si Jim estaría dispuesto a predicar por la noche durante cuatro domingos consecutivos para ayudar al joven pastor en el centro de Brooklyn. Dos semanas después de que Jim aceptara, el pastor de allí renunció. Ya no podía soportar aquello. Pero mi papá no estaba dispuesto a darse por vencido con la iglesia. Así que le pidió a Jim que pastoreara la iglesia en Brooklyn además de la que ya tenía en Newark. Esto significaba estar dando viajes de una iglesia a otra, desgastándonos en el proceso.

Los domingos eran una locura pues Jim se iba temprano por la mañana a Brooklyn desde nuestra casa en New Jersey para dirigir el servicio de adoración dominical. Luego regresaba a Newark, donde yo tocaba el órgano en un culto al mediodía que ya había comenzado y predicaba un sermón. Después de esto nos metíamos en el carro con nuestra hija Chrissy y nos íbamos a McDonald's para nuestra comida dominical. Entonces regresábamos juntos al centro de Brooklyn para el servicio de la noche. Después de un par de años procurando atender ambas iglesias, reconocimos que teníamos que tomar una decisión. Teníamos que quedarnos en Newark o mudarnos a la pequeña iglesia con grandes problemas.

Hubiera sido tan fácil dejar la iglesia en Brooklyn. Nadie nos hubiera culpado. Pero Jim y yo sentimos que Dios nos ponía en el corazón que nos dedicáramos a servir a tiempo completo allí aunque nuestro único sueldo venía de la iglesia en New Jersey. Para ayudar a pagar las cuentas comencé a trabajar en la cafetería de una escuela mientras que Jim trabajaba en una secundaria de entrenador del equipo de baloncesto.

La mayoría de la gente pensaba que estábamos locos al tomar esa decisión, pero nunca pensamos que lo que estábamos haciendo fuera tan poco común. No importaba que no supiéramos cómo nos íbamos a mantener. Nunca pasó por nuestras mentes preguntar si este próximo paso favorecería la carrera de Jim. ¿Qué carrera? No estábamos preocupados por un seguro médico. De todos modos, ¿quién tenía seguro médico? Solo estábamos tratando de responder a Dios. Solo procurábamos serle fiel.

Así que decidimos aventurarnos e hicimos exactamente lo que consideramos que era la voluntad de Dios para nosotros y todo funcionó de maravillas. ¿Verdad? ¡Claro que no!

La vida en Brooklyn estaba llena de dificultades. Heredamos una pequeña congregación con muchos conflictos internos. Pronto nuestro grupo decreció aun más porque algunas personas no les gustaba el estilo de Jim en comparación a lo que antes sucedía. Solo alrededor de veinte personas realmente admitieron ser miembros. El edificio estaba tan desfigurado como la congregación. El sótano apestaba a moho, un día se derrumbó el techo del auditorium, dejándose oír un golpe seco durante un culto, y un domingo por la mañana mientras Jim estaba predicando en el santuario se desplomó un banco lleno de gente. Creo que se podría decir que esto era lo opuesto a una ovación de pie. Jim estaba tan deprimido que a veces ni siquiera quería ir a la iglesia.

Debido a que la iglesia necesitaba con urgencia algún tipo de ministerio de música, y puesto que yo tocaba el teclado y tengo un buen oído para la música, formé un pequeño coro. Aunque era excesivamente tímida, esto era algo que siempre quise hacer. Pero nuestra pequeña banda de cantantes no era algo para ufanarse. Los viernes por la noche dirigía los ensayos mientras Jim cuidaba a los muchachos. Los sábados estaban ocupados con bodas u otras actividades de la iglesia. Durante el servicio, a veces yo cantaba los solos mientras tocaba el piano y dirigía el coro ¡todo a la vez! No recuerdo ni un solo domingo en que pudiera sentarme con mis hijos en la iglesia. Estaba tan desesperada por conseguir miembros para el coro que aceptaba a cualquiera que me lo pidiera, aunque no entonara ni una nota. Como resultado, tuvimos todos los problemas que se puedan imaginar.

> *Mientras Jim estaba predicando en el santuario se desplomó un banco lleno de gente. Creo que se podría decir que esto era lo opuesto a una ovación de pie.*

No era muy fácil confiar en Dios, especialmente durante ese primer año en que el coro solo tenía nueve miembros y uno de los jóvenes en la sección de tenores dejó a una contralto embarazada. Entonces, una noche, una miembro de la iglesia perdió los estribos. Agarró un cuchillo, vino al ensayo y en un arranque de locura acuchilló los tambores y amenazó a todos los que estábamos allí. Tuvimos que refrenarla a la fuerza y sacarla del salón a rastras y gritando. ¡Dime si eso no es un ensayo de coro difícil!

SEÑALES DE UN AMANECER

Ni Jim ni yo podíamos imaginar qué estaba haciendo Dios en medio de tan lamentables circunstancias. Por fin, cuando casi llegamos al fondo, Dios comenzó a mostrar sus intenciones con claridad. Sucedió un día en un bote de pesca en la costa de la Florida. Mis padres invitaron a Jim para que los visitara en su casa de la playa y se recuperara de una tos seca que hacía seis semanas venía padeciendo. Con toda la presión que tenía en New York, necesitaba un descanso con urgencia. Aunque Jim no pescó ningún pez, ese día hizo una mejor pesca porque fue cuando Dios le habló acerca de lo que quería hacer con nuestras vidas.

Jim cuenta la historia en *Fuego vivo, viento fresco.* Él estaba solo en la parte de atrás del bote, disfrutando un momento de quietud mientras oraba por nuestra situación.

> *«Señor, no tengo idea de cómo ser un pastor exitoso … Lo único que sé es que Carol y yo estamos trabajando en el centro de la ciudad de Nueve York, con gente muriendo por todas partes, dándose sobredosis de heroína, consumidos por el materialismo, y todo lo demás. Si el evangelio es tan poderoso …»*

Entonces en quietud pero con energía, en palabras que no oyeron mis oídos sino muy profundo en mi espíritu, sentí que Dios me hablaba:

Si tú y tu esposa conducen a mi pueblo a orar e invocar mi nombre, nunca te faltará tema fresco para predicar. Supliré todo el dinero que haga falta, tanto para la iglesia como para tu familia, y nunca tendrás un edificio de tamaño suficiente para contener las multitudes que enviaré como respuesta.

Sentí que Dios me colmó.[1]

Cuando Jim regresó me contó lo que había sucedido, y comenzamos a orar concentrándonos principalmente en la iglesia. Empezamos una verdadera reunión de oración los martes por la noche, y a medida que orábamos la iglesia comenzó a crecer y las viejas heridas comenzaron a sanar. La gente de la calle comenzó a llegar para orar y muchos se integraron a la iglesia. Dios nos dio un

---

[1] Jim Cymbala, *Fuego vivo, viento fresco*, Editorial Vida, Miami, FL 1998, p. 23.

sentido maravilloso de amor y unidad. Fue como ver la primera señal de un amanecer después de una larga noche.

Durante los años anteriores parecía que usábamos todas las energías estableciendo un fundamento que se desmoronaba debajo de nosotros. Habría sido tan fácil abandonar el trabajo, dejar de confiar en Dios debido a todos los obstáculos que encarábamos. Ahora el fundamento estaba seguro y se comenzó la fabricación. No importaba saber que todavía nos esperara un arduo trabajo. Podíamos ver el fruto de nuestra labor y ansiábamos avanzar dentro del plan de Dios.

La pequeña iglesia con grandes problemas todavía tenía problemas, pero vimos cómo Dios los solucionaba uno por uno a medida que se lo implorábamos en oración. En lugar de tener una iglesia que dependiera de respiración artificial, el Tabernáculo de Brooklyn se estaba transformando en un salón espiritual de emergencia, un lugar de rescate para los que se sentían destrozados por las tinieblas que los rodeaban, por la violencia, la adicción, la dureza y el desespero que caracterizaban a la ciudad. La medicina de Dios comenzó a obrar maravillas.

Sin darnos cuenta el coro había crecido y tenía cincuenta miembros. Como yo no sabía leer la música, me imaginaba los arreglos de los himnos y se los enseñaba al coro repitiéndoselos. Más tarde, *Teen Challenge* [Desafío juvenil] nos pidió que los sábados por la noche cooperáramos con ellos en actividades que estaban preparando en una iglesia grande del centro de Brooklyn. Formé otro coro con los

> *En lugar de tener una iglesia que dependiera de respiración artificial, el Tabernáculo de Brooklyn se estaba transformando en un salón espiritual de emergencia, un lugar de rescate para los que se sentían destrozados por las tinieblas que los rodeaban.*

miembros de *Teen Challenge,* la mayoría de los cuales eran ex adictos a las drogas y eran pocos los que podían entonar las notas.

A partir de estas actividades la iglesia comenzó a crecer. Y yo también crecía. Dejé de sentirme tan insegura, y ahora estaba segura de que Dios estaba en nuestro medio y nos proveía todo lo que necesitábamos para permanecer fieles a la obra que nos encomendó. De una cosa sí estaba segura: Jim y yo no teníamos posibilidad de sobrevivir en Brooklyn si Dios no nos hubiera llamado allí. El trabajo nos podía devorar. Pero Dios no estaba en disposición de permitir que las tinieblas se tragaran lo que Él comenzó.

TRES

DIOS ESTÁ OBRANDO

Quisiera que pudieras acompañarme a la estación de Wall Street en el centro de Manhattan un viernes por la mañana, justo a tiempo para ver los trenes subterráneos deslizarse hasta el corazón del distrito de las finanzas. Al principio la estación parece vacía, apenas se ve un alma. Pronto llegan los trenes que en broma le llaman «los carros del ganado», cada uno trayendo su carga de accionistas, abogados, profesionales de cuello y corbata y obreros, todos de camino a sus trabajos en el centro de la ciudad. Al momento que las puertas se abren, salen cientos de pasajeros creando una congestión de tráfico formada por una masa humana que se abre camino hasta las escaleras para llegar al trabajo.

Ahora ven conmigo a la estación durante una mañana de fin de semana a esa misma hora. Es una escena completamente diferente. El tren llega a la hora exacta pero casi nadie se baja. Para la mayoría de la gente esta es una parada de lunes-a-viernes, de nueve-a-cinco.

Ahora piensa por un momento en una persona que nunca deja de trabajar. No se trata de una persona adicta al trabajo, aunque nunca necesita un receso. Trabaja día y noche, año tras año, sin nunca descansar en un día feriado. Mejor aún, siempre está obrando a tu favor. Incluso mientras duermes, o cuando estás demasiado enfermo para llegar hasta la oficina, Dios está obrando.

Aunque sabemos que Dios siempre está trabajando en el mundo, algunas veces somos tentados a dudar si verdaderamente Él se preocupa por nuestras vidas. ¿Dónde está?, nos preguntamos a veces cuando más lo necesitamos. Ya que su trabajo es invisible, no podemos confiar en nuestra visión natural para mantenernos durante los tiempos difíciles. Sin fe, podríamos pensar que Dios no sabe qué está pasando o que no le interesa. Y es por eso que el apóstol Pablo dice: «Vivimos por fe, no por vista» (2 Corintios 5:7).

La canción principal del último álbum del coro es *God Is Working* [Dios está obrando] y la letra reafirma el hecho de que nuestro Dios está obrando detrás del telón de la vida:

Dios está obrando, aún sigue obrando
Incluso ahora, Dios está obrando.
Aunque a veces no sabemos cómo
Incluso ahora, Dios está obrando.
Aunque no lo puedas ver y realmente no lo puedas entender,
Recuerda que todavía Dios tiene el control.
Él prometió sacarte de alguna manera
Y está obrando incluso ahora.

> *Al recordarme cómo Dios ha obrado, me parece más fácil creer que aún Él está obrando.*

Cada vez que tenga la tentación de preguntarme dónde está Dios durante algunas crisis en mi vida, recuerdo su Palabra y todo lo que ya ha hecho para demostrar su poder en mí. Al recordarme cómo Dios *ha* obrado, me parece más fácil creer que *aún* Él está obrando. Para mí, la clave de la fe durante los tiempos difíciles es recordar las promesas de Dios: cuento con que Él es quien dice ser y que hará lo que dice que haría.

HORA DE RENDIRSE

Algunos de mis recuerdos de cómo Dios ha obrado en mí me remontan a una finca en el sur de Wisconsin. Mi mamá, Wilma Arn, nació allí en 1918. Sus padres eran unos inmigrantes suizos muy trabajadores que hacían lo mejor para poner en marcha a sus catorce hijos. Mi madre era la séptima en la lista.

Pequeña, de pelo oscuro, y decidida, mamá solo tenía dieciséis años cuando empaquetó sus cosas y se mudó para Chicago para asistir a una escuela de peluqueras. Para sostenerse trabajó para un dentista y su señora, limpiando y ayudando en los quehaceres de la casa. No hubo nada que no intentara, como hacer una mesa llena de pasteles de crema de banana para un *bar mitzvah*, por ejemplo.

En tiempos cuando pocas eran las mujeres que salieran a trabajar fuera de la casa y había muy pocos préstamos para negocios pequeños de mujeres empresarias, mamá tuvo éxito al abrir su propia peluquería y hacerla funcionar como una profesional.

Después del trabajo, solía frecuentar una pequeña cafetería en el vecindario. Una tarde, cuando tenía veintiún años, un joven muy apuesto se le acercó mientras ella se sentaba para cenar. Su presentación fue una muy conocida, aunque funcionó bien: «Perdóneme, señorita. ¿Me podría decir la hora?» Ambos entablaron una conversación, y a las semanas siguientes continuaron los encuentros casuales en la cafetería, cada uno con la esperanza de que el otro estuviera allí.

Ninguno de ellos era cristiano, pero cuando mamá lo llevó a la casa para que conociera la familia, sucedió algo extraño. Su mamá, mi abuela Arn, era una mujer de grandes oraciones y un discernimiento poco común. Antes de que se fueran, abuela miró a su futuro yerno a los ojos y le dijo con audacia: «Un día tú vas a estar en el ministerio». Aunque mamá tal vez se sorprendió, no se alarmó. Se sintió segura sabiendo que este joven, Clair Hutchins, no era más religioso que ella.

Cuando mis padres se casaron, mi papá todavía estaba con la compañía de la ópera americana. Pero las cosas cambiaron después de su encuentro con el Dr. Robert Cook. Mientras más hablaba papá acerca de Jesús, más resistente se ponía mamá. Ella quería vivir la vida a su manera, y definitivamente Jesús no era parte de ese plan. Ella se casó con un cantante de ópera, no con un ministro. Y así quería que siguiera siendo.

Un día, mientras limpiaba la casa, comenzó a sentir como si alguien más estuviera en la habitación hablándole. No era una voz audible sino una impresión tan fuerte que no podía deshacerse de ella. *Este es el día de salvación*, decía la voz. Las palabras la sacudieron tanto que salió corriendo por la puerta y por la calle con la aspiradora todavía funcionando. Entonces, al final de la calle se dio por vencida. A plena luz del día, en una quieta calle del corazón de Chicago, comenzó a sollozar. Dios quería su vida y ella comenzó a rendirse en ese mismo momento. Se acabaron las carreras, se acabaron las evasivas.

En Wisconsin, una madre de rodillas obtenía una respuesta más a sus oraciones.

LA OBRA SANADORA DE DIOS

Dios me permitió experimentar diferentes desafíos a través de mi vida, los cuales sirvieron para probar el poder de la oración. Cuando nací en diciembre de 1947, mi padre ya había aceptado un llamado para ser el pastor del Templo Beulah y mamá era quien más lo apoyaba. Luego, cuando yo tenía cuatro años, mamá salió embarazada de su cuarto hijo. El embarazo iba muy bien al principio, pero en pocos meses se enfermó tanto que no podía levantarse de la cama. Nadie se dio cuenta que tenía toxemia y que la criatura que llevaba en su seno hacía semanas que estaba muerta. Por último mi mamá cayó en coma. Todavía recuerdo la noche que vino la ambulancia a buscarla, todavía puedo escuchar los ruidos extraños que hacía en la garganta a medida que se la llevaban en la camilla.

Poco después de ingresar en el hospital dio a luz. Después de eso su cuerpo comenzó a recuperarse, pero durante los años siguientes sufrió períodos de ataques epilépticos que la privaban de la memoria y la debilitaban considerablemente. Y nunca se sabía cuándo le iban a dar. A veces yo llegaba de la escuela y la encontraba en medio de un horrible ataque. Mamá salía de estos episodios tan aturdida que ni siquiera recordaba su nombre y mucho menos el de los seis hijos. Después de varios días volvía a la normalidad, pero sabíamos que no pasaría mucho tiempo antes de que volviera a sufrir otro ataque epiléptico.

Años más tarde una compañera de oración muy querida vino a la casa después de uno de los ataques de mamá. Esta era una mujer que gozaba la bendición de tener una clase de fe inconmovible. «Escuchen, niños» nos decía, «su mamá y yo vamos a subir al segundo piso, y vamos a cerrar la puerta para orar. No se preocupen si nos demoramos, porque no vamos a salir hasta que ella esté curada».

Así que mamá y su amiga permanecieron en el cuarto todo el día y toda la noche. Luego otro día y otra noche y otro día después de eso. Durante tres días no comieron absolutamente nada mientras fuertes clamores y peticiones se elevaban al cielo. Por último, mamá abrió la puerta y salió. Nunca más en su vida volvió a sufrir otro ataque de epilepsia.

Luego de ver un cambio tan dramático en una persona a quien uno quiere, es imposible dejar de comprender el poder de Dios y el sentido de que Él es capaz de cualquier cosa. Fue algo bueno porque cuando llegué al tercer grado, era yo la que necesitaba un milagro. Luego que me diagnosticaran fiebre reumática, el médico, muy poco profesional, les dijo a mis padres que mi corazón estaba hecho añicos. Dijo que ya estaba tan dañado que yo tendría que permanecer en cama durante el próximo año y medio. Ni siquiera podía caminar hasta el baño. Día por día las enfermeras entraban y salían del cuarto sacándome sangre mientras que el médico llamaba a la casa una vez por semana para ver si mi corazón todavía latía. No se esperaba que yo viviera mucho más.

Pero la iglesia oró por mí y se mantuvo orando. Después de algunos meses en cama, mi cuerpo comenzó a sanarse. Por último, estuve lo suficientemente fuerte como para volver a la escuela y seguir viviendo mi vida normal. Dios me sanó en solo unos meses. Sin embargo, la fiebre reumática tuvo efectos prolongados.

Nunca jugué como los demás niños jugaban. Nunca pude hacer muchas actividades físicas. La mayor parte de mi tiempo la pasaba dentro de la casa sentada en una banqueta tocando el piano. La música me cautivaba, especialmente la progresión de hermosos acordes y la poco común armonía de canciones que había oído.

Mi sentido del poder de Dios no se limitaba a la sanidad que mi madre y yo experimentamos. Perry, mi hermano menor, nació con meningitis en la espina dorsal. Los médicos pensaron que tampoco él viviría. Si lograba sobrevivir, dijeron, nunca pasará de ser un vegetal. Desde luego, al hacer el diagnóstico los médicos carecían de información vital. Ellos no se dieron cuenta de que estaban tratando con una familia que creía en el poder de Dios.

> *Al ver un cambio tan dramático en una persona a quien uno quiere, es imposible dejar de comprender el poder de Dios y el sentido de que Él es capaz de cualquier cosa.*

A pesar de la situación, mi papá vino al hospital al siguiente día de un desfile de ancianos de la iglesia. Los hombres se amontonaron alrededor de la cuna de mi hermano ungiéndolo con aceite y orando de todo corazón. Y Dios fue misericordioso. Mi hermano se sanó por completo.

Después de esto, nadie me podía decir que Dios era alguna clase de ser distante que raramente se involucra en nuestras vidas. Yo sabía que no estaba recostado, mirándonos como un observador indiferente. Por el contrario, estaba poderosamente involucrado en mi vida y en la vida de los que me rodeaban.

TODAVÍA DIOS ESTÁ OBRANDO

Y Dios no ha dejado de obrar en nuestras vidas. Mi mamá tiene ochenta y dos años. El año pasado le diagnosticaron un cáncer en el estómago. Cuando viajé a la Florida para verla, me impresionó ver lo pálida que se veía. La que una vez fuera mi vigorosa madre parecía estar yéndose delante de mí. Por último, mi hermana y yo llamamos la ambulancia, temiendo lo peor.

Pronto descubrimos que mamá tenía una hemorragia interna. Volví a New York después que ella recuperó un poco las fuerzas. A mamá le habían programado una cirugía para el viernes, y nunca olvidaré la llamada que recibí de mi cuñado, exactamente antes de que yo entrara al ensayo del coro esa noche. «Carol, está realmente mal. Tuvieron que sacarle casi dos terceras partes de su estómago y el médico me llamó a un lado después de la operación y me dijo que llamara al hospicio. Él dice que solo le quedan alrededor de tres meses de vida y debemos asegurarnos de tener las instrucciones de ella en cuanto al grado de cuidado durante los últimos días».

Quería llorar, derrumbarme en sollozos, pero no podía. Ya era casi la hora de enseñarle al coro una canción nueva que había escrito: «Nada es imposible». Había escrito la letra unos meses antes, sin siquiera imaginarme que tendría que guardarlas en mi corazón a favor de mi madre:

> Nada, nada, nada, nada
> es imposible, imposible para Dios.
> Lo que Dios puede hacer no es un secreto.
> Lo que ha hecho por otros, Él lo puede hacer por ti.
> No hay nada imposible, imposible para Dios.
> No hay dudas, no hay temor.
> Solo confía en Jesús y la respuesta está cerca.
> No hay nada imposible, imposible para Dios.
> Cuando Él habla ya sabes que está resuelto.
> Por medio de Jesucristo su Hijo
> No hay nada imposible, imposible para Dios.
> Andamos por fe, nunca por vista
> Nuestra fe está en Cristo Jesús,
>   mediante el poder de Su fuerza.
> No hay nada imposible, imposible para Dios.

Jesús está escuchando,
Él oye tus oraciones.
Sacúdete el desánimo y entrégale tus preocupaciones.
No hay nada imposible, imposible para Dios.

Mientras el coro cantaba la canción una y otra vez, aprendiéndosela mediante la repetición, la letra se arraigó en mi corazón, aumentándome la fe acerca de la situación de mi madre.

Cuando mi papá murió hace poco tiempo, yo supe que era su hora. Era un soldado cansado que solo quería irse al hogar. Pero no creía que realmente fuera la hora de irse de mi mamá. Tenía plena seguridad de que Dios aún tenía un trabajo que Él quería realizar en y a través de ella.

Regresé a la Florida para ver cómo seguía después de la operación. Cuando entré a su habitación en el hospital noté un hermoso bouquet de rosas en el pasillo a la entrada de su cuarto. Nunca en mi vida había visto rosas como aquellas. Eran tan grandes y fuertes, tan llenas de vida. Le dije: «Mamá, mira esas rosa; ellas representan la vida. Tú no vas a morir. No importa lo que digan los médicos. Ahí mismo hay otra confirmación de que Dios quiere que tú vivas». Esto no era solo lo que yo quería pensar. Sentía que la fe aumentaba dentro de mí. Tenía completa confianza en que Dios estaba obrando para sanar a mi madre.

Poco después de la operación ella se recuperó y estaba comiendo tacos y pizza. Mamá se sentía muy bien. Y al parecer nadie le dijo a su estómago que le habían quitado una gran parte.

Hoy, dieciocho meses después, mi mamá está de vuelta en su casa, cocinando para sus nietos y manejando un auto. Es asombroso,

> *Esto no era solo lo que yo quería pensar. Sentía que la fe aumentaba dentro de mí. Tenía completa confianza en que Dios estaba obrando.*

los médicos la declararon completamente curada. Y yo creo que Dios le ha añadido años para que continúe su ministerio de oración intercesora.

Recordar cómo Dios obró en mi vida me ayuda a fortalecer mi fe para el presente y me da una mayor esperanza para el futuro. Al mirar el pasado comienzo a reconocer que desde mucho antes de que yo naciera, Dios estaba obrando en la vida de mis padres y abuelos para moldear la obra que está haciendo hoy. Muchos de nosotros lo hemos oído tantas veces que ya parece trillado decir que Dios tiene un plan para nuestras vidas. Pero es así. Y las circunstancias difíciles de nuestras vidas nunca estorban su plan.

Mi padre era un ministro. El padre de mi esposo era un alcohólico. Tal vez tu padre fue un millonario o un adicto a las drogas. Cualquiera que sea tu historia, ya sea que tu vida haya sido fácil o difícil, Dios tiene un plan para tu vida y continuará obrando a medida que le abras tu corazón.

Si el Tabernáculo de Brooklyn deja un legado de alguna índole, creo que será la historia de cómo Dios obró cambiando vidas de tanta gente quebrantada. Cuando ves cómo obra Dios día tras día, es imposible ser cínico o limitar su poder. Tenemos personas en la iglesia que fueron vendedores de drogas, prostitutas, alcohólicos y ladrones. Tenemos personas «respetables» que casi se destruyeron por perseguir el placer. Otros vivían vidas vacías aunque la cuenta de su banco estuviera llena. Tenemos negros que odiaban a los blancos y blancos que odiaban a los negros. Tenemos tanto víctimas como abusadores. Aunque las historias que oigo ya no me sorprenden, todavía me asombro cuando pienso en la poderosa obra de Dios para atraer toda clase de personas.

LA HISTORIA DE JOSH

Josh Carroll, que ahora es un tenor del coro, una vez fue un hombre que vivía de acuerdo al plan. Pero no era un plan que Dios hubiera activado. Esto comenzó mucho antes que él naciera.

«Mi abuelo murió después que su corazón se debilitara durante años como consecuencia de la bebida y el cigarro. Mi otro abuelo también era un alcohólico. Yo comencé a tomar cuando tenía catorce años y a los diecisiete ya era un alcohólico.

»En Nebraska no hay mucho que hacer, así que todas las noches mi novia y yo nos íbamos en el autor alrededor de los campos de maíz, tomando y oyendo música. Una noche en una fiesta, tomé tanta cerveza y fumé tanta marihuana que al llegar al carro para marcharnos, la veía triple. Aunque estaba nevando y las calles resbalosas, pude llevarla hasta su casa sin problemas. Pero estaba tan borracho que no podía encontrar mi casa aunque vivía a solo cinco minutos de allí. Después de detenerme para llamar a un amigo que me indicara cómo llegar a mi casa, volví tras el timón y entonces comencé a dar cabezazos. El carro se desvió de la carretera y se estrelló contra la cuneta. Me desperté al golpearme con el timón. Cuando salí del carro, la primera cosa que noté fue una gran cruz blanca exactamente frente a mí. Por ironías del destino, había aterrizado justo frente a la iglesia en la que crecí. Cuando me di vueltas y miré a las marcas que las ruedas dejaron en la nieve, vi que el auto apenas pasó entre una boca de incendio y un poste de la luz, a la izquierda y derecha de los cuales había un gran despeñadero. Un auto un poco más grande no hubiera podido pasar por allí.

»Volví a mirar a la cruz y oré: "Gracias, Dios, por salvarme la vida". Esa noche supe que alguien estaba tratando de obtener mi atención. El problema era que mi atención siempre estaba divagando.

»Para entonces mis padres comenzaron a preocuparse mucho por mí. Pero nada de lo que me decían hacía gran diferencia. Sabía que siempre oraban por mí, pero no sabía que habían duplicado sus oraciones al ver la dirección que mi vida estaba tomando. No querían que yo terminara igual que mis abuelos.

»El próximo año celebré la noche de navidad en la cárcel. Me arrestaron por manejar borracho. Cuando mi padre me sacó, me dijo: "Josh, anoche cuando recibimos tu llamada, pensamos que era de la morgue para decirnos que viniéramos a recoger tus restos. Anoche realmente nos asustaste". Mis padres oraban por mí y conmigo. Sabía que ellos querían que mi vida cambiara y viviera para Dios.

Supe que alguien estaba tratando de obtener mi atención. El problema era que mi atención siempre estaba divagando.

»Pero en lugar de escuchar empaqueté mis cosas y me mudé a New York para hacerme actor. La actuación era mi única ambición. Le cogí el gusto al escenario al representar papales en la comunidad y en la secundaria desde que tenía trece años. Pero una vez en New York me sentía tan solo que pasaba la mayoría de las noches en mi apartamento tomándome un paquete de doce cervezas. Después de un tiempo me acostumbré a asistir a las audiciones con una resaca. Así fue que conocí a Marleen, parada en una fila para que la probaran para una revista musical que se iba a representar en un lugar de vacaciones en Wisconsin.

»Ella era una rubia de pelo largo y era tan atractiva que pensé que ni siquiera me daría una segunda mirada. Pero al comenzar a hablar, descubrí que llegó a New York solamente tres días antes que yo. Igual que yo se sentía sola, confundida, desorientada aunque al principio no lo supe. Éramos la pareja perfecta.

»Marleen y yo comenzamos a vernos y los dos fuimos contratados para la obra en Wisconsin. Pagaban muy bien y solo teníamos que trabajar un par de horas al día, así que el resto del tiempo lo pasaba tomando. Marleen tomaba, pero no tanto como yo. Una vez me desafió a pasar una semana sin tomar. ¡Imposible! Ni siquiera aguanté dos días. Cualquier muchacha cuerda me hubiera dejado en ese mismo momento.

»Un día, alguien me contó un secreto. Un grupo de los miembros del elenco estaban metiéndose en el bar del centro turístico para robarse la cerveza. Magnífico, pensé. No había necesidad de dejar de festejar cuando cerrara el bar. Así que yo también comencé a robar. Pero alguien le avisó a la policía y me atraparon. Me acusaron de ladrón y me tiraron en la cárcel. También arrestaron a Marleen, aunque ella no estaba involucrada.

> *Igual que yo, se sentía sola, confundida y desorientada, aunque al principio no lo supe. Éramos la pareja perfecta.*

»Y aquí estábamos, en un pueblecito en Wisconsin acusados de cometer un delito grave. No conocíamos a nadie excepto las personas con quienes trabajábamos, y nos acababan de despedir. Estaba tan aturdido que me tiré en el catre de mi celda y no moví ni un músculo durante siete horas seguidas. Por fin, comencé a orar: "Dios no sé qué hacer y no sé si ni siquiera te sigues preocupando por mí. He desperdiciado cada una de las oportunidades que me diste … pero por favor, ayúdame esta vez". Tenía tanto miedo.

»De repente sentí como si no estuviera solo. Sentía que la presencia de Dios estaba en mi celda en ese mismo momento y le prometí que si me sacaba de ese enredo haría cualquier cosa que Él quisiera. La próxima semana me esposaron a otro prisionero, y fui a otra habitación donde vi a Marleen atada a otra mujer prisionera. Por fin nos liberaron, advirtiéndonos que no saliéramos del pueblo antes de la fecha del juicio.

»Mi papa llegó la noche siguiente y nos llevó a cenar. Estaba desilusionado, pero fue muy comprensivo. Sabía que Marleen no había aprendido mucho acerca de Jesús. Así que él oró con nosotros y nos animó para que buscáramos la ayuda de Dios.

»Una noche él me sentó: "Josh, no tienes ni la más mínima idea de lo mucho que el Señor te ama y hasta dónde iría con tal de mostrarte cuánto tú lo necesitas". Papá no se daba por vencido.

Sus palabras zumbaban en mis oídos, aguijonéandome, dándome un dolor de cabeza. Mientras hablábamos sentí que de nuevo el Señor me hablaba. Pero no era una sensación de paz. Por el contrario, me sentía angustiado, como si algo dentro de mí se estuviera revolviendo.

»Papá se quedó hasta el día del juicio. Estábamos casi seguros de que Marleen saldría con una multa, pero lo más probable era que a mí me dieran dos o tres años de prisión. Antes de ir al juzgado, papá me dijo que esa mañana había orado y sintió que el Señor le aseguraba que todo saldría bien. Dios no quería que me pudriera en la cárcel, pero sí quería llamar mi atención. Y lo había conseguido.

Papá no se daba por vencido. Sus palabras zumbaban en mis oídos. Mientras hablábamos sentí que de nuevo el Señor me hablaba. Pero no era una sensación de paz. Por el contrario, me sentía angustiado, como si algo dentro de mí se estuviera revolviendo.

»Me maravilló cuando el fiscal del distrito nos dejó libres con una multa de $400 dólares. Eso fue todo. Solo irnos de aquel estado de la nación y no regresar.

»Así que los dos volvimos a New York. Aunque no olvidé lo sucedido en aquella celda de la prisión, todavía no estaba listo para admitir cuánto necesitaba a Dios. Tan pronto como regresamos, Marleen y yo nos mudamos juntos, pero mientras más nos uníamos, más peleábamos. Pronto dejamos de sentir atracción el uno por el otro. Creo que era la miseria lo que nos mantenía juntos.

»Por fin, alguien le entregó a Marleen un volante acerca del Tabernáculo de Brooklyn y decidimos que debíamos ir. Estábamos tan desesperados. El domingo fuimos peleando por todo el camino hasta la iglesia, gritándonos mientras caminábamos por las calles de Brooklyn. Estaba rabioso cuando entré por la puerta de la iglesia, pero una vez adentro sentí paz. Y de inmediato me calmé.

»Después de eso, decidí ir también a las reuniones de oración los martes por la noche. De nuevo discutimos por todo el camino. Pero a medida que la gente comenzó a orar, yo empecé a llorar. La presencia de Dios era muy fuerte, y yo solo pensaba en lo mucho que había pecado contra Él. Comencé a decirle a Dios que no sabía qué hacer con mi vida. Le dije lo mucho que me odiaba. Aborrecía la manera en que trataba a Marleen. Aborrecía tomar. Aborrecía el hecho de tener miedo de dormirme por la noche sin tener luces y la televisión encendidas.

> *Cuando me levanté al día siguiente no sentía la resaca, sino que tenía la sensación de no estar solo. Dios estaba a mi lado. Era como una medicina para mí.*

»Y entonces sentí que Dios me tranquilizaba, diciéndome que todo estaba bien. No le importaba todo lo que yo había hecho. Él me amaba. Siempre me amó. Él quería que yo lo conociera. Nada más importaba.

»No me avergüenza decir que esa noche me enamoré de Jesús.

»Dios limpió mi vida de inmediato. Tan pronto como Marleen y yo regresamos a la casa, le dije que comenzaría a dormir en el sofá. Inmediatamente dejé de tomar y también de maldecir. Estaba acostumbrado a querer tantas cosas: ser un actor, ser algo grande y tener personas que me admiraran. Ahora esos deseos me parecían ridículos. Cuando me levanté al día siguiente no sentía la resaca, sino que tenía la sensación de no estar solo. Dios estaba a mi lado. Era como una medicina para mí.

»Dios hizo tanto por mí que es difícil expresar todo lo profundo que fue el cambio. Ahora soy miembro del coro y ya dejé de actuar. Y me alegro de esto. Dios también obró en Marleen, atrayéndola. Juntos éramos un desastre. Pero para el Señor somos perfectos».

❧

Ningún desorden, no importa cuánto tiempo lleve hacerlo, es demasiado para que el Señor lo limpie. Jesús no vino para los que todo lo tienen sino para los que están deseando admitir que sus vidas son indignas sin Él. Si hoy conocieras a Josh Carroll verías a un joven lleno de la paz de Dios. Nunca adivinarías sus luchas con el alcoholismo. Puedo imaginar lo que fue para los padres de Josh ver cómo se destruía. Mientras más oraban, más se empeoraba la situación. Si solo hubieran visto con sus ojos, pensarían que Dios no le estaba prestando atención alguna a su hijo. Pero no fue así. En cambio, oraron cada vez más, creyendo que Dios todavía estaba obrando aunque no pudieran ver ni la más mínima evidencia de que así fuera. Y ellos tenían razón. Dios estaba obrando, usando lo más oscuro en la vida de Josh para dejar pasar su luz.

Tal vez últimamente tú hayas estado pasando mucho tiempo de rodillas por un hijo o una hija que está tan atribulado como Josh. Le has rogado a Dios que los ayude, pero no has visto resultado alguno. Yo también lo he hecho y conozco ese dolor en el corazón. O quizás le has rogado a Dios por una situación en tu vida que te causa un profundo dolor. Te quiero motivar para que consideres la historia que te conté sobre cómo el Señor obró en mi familia y en la de Josh como una evidencia, no de un tratamiento especial sino de un amor especial. Es el amor que Dios tiene por todos nosotros. Así que sigue orando. No dejes de confiar. Aunque no lo puedas ver con tus ojos naturales, por fe sabrás que Dios está obrando incluso ahora mismo.

CUATRO

DONDE TODO COMIENZA

Algunas veces la mejor respuesta a la oración llega cuando tú no tienes a dónde ir, sino a Dios. A principios de la década de 1970, el Tabernáculo de Brooklyn estaba localizado en un maltrecho edificio en la avenida Atlantic en el centro de Brooklyn. A medida que la iglesia comenzó a crecer, alquilamos otro espacio en una sucursal del *YWCA* (Asociación cristiana de mujeres jóvenes, por sus siglas en inglés), que pronto llenamos. Un día, Jim divisó una señal de «Se vende» en un gran teatro en la avenida Flatbush. Tenía capacidad para acomodar a 1.500 personas y parecía un lugar perfecto para que la obra de Dios creciera.

El único problema era el que siempre teníamos, no había dinero. Sin embargo, después de orar acerca de esto, creímos que el Señor quería que el teatro se convirtiera en nuestra nueva iglesia. Así que Jim actuó por fe firmando el contrato para comprarlo a pesar del hecho de que no teníamos el dinero para comprarlo. Vender la ruina maltrecha de nuestro edificio era la única manera de cumplir con el contrato. Pero nos preguntábamos quién iba a pagar una buena cantidad de dinero por un lugar como el que teníamos.

Pasados unos días, se nos acercó un pastor de la localidad para expresarnos su interés en comprar la propiedad. Estaba dispuesto a pagar el precio que pedíamos, precisamente lo que necesitábamos para cumplir con el contrato del teatro. No podíamos creer lo

fácil que fue todo el proceso. Parecía que los problemas estaban so-
lucionados. Entonces, después de un mes completo, descubrimos
que el pastor tenía una situación financiera peor que la nuestra.
Ahora nuestro contrato para comprar el teatro ya estaba por ven-
cerse. Si Dios no hacía algo pronto, perderíamos el edificio.

Así que el martes siguiente por la noche en el culto de oración,
Jim le explicó la situación a la congregación. Empezó por darles la
buena noticia: habíamos encontrado el edificio perfecto para nuestra iglesia en crecimiento. Entonces la noticia desafiante: no teníamos el dinero, al menos que Dios interviniera poderosamente a
nuestro favor. Esa noche, todos nosotros, desde los más jóvenes
hasta los miembros más viejos de la iglesia, literalmente clamamos
a Dios. Un hombre oró con tanto fervor que las lágrimas forma-
ron un charco en la alfombra donde estaban sus rodillas.

A la mañana siguiente sonó el timbre de la puerta. Parado en
un escalón estaba un hombre de negocios del Medio Oriente que
preguntaba si el edificio todavía estaba a la venta. A Jim casi le
daba vergüenza decirle el precio que pedíamos, pero en lugar de
reírse o disculparse amablemente, el hombre solo pidió ver el edificio por dentro. A medida que Jim le enseñaba el templo, notaba
que se estaba desmoronando una cosa tras otra y se preguntaba
cómo alguien podría interesarse en un edificio como este.

Después de enseñárselo, el hombre volvió a preguntar el precio. Jim tragó en seco y repitió la cantidad. De repente, el hombre
extendió su mano y dijo: «Quiero comprar su edificio».

«Pero usted tendrá que ir al banco para que ellos lo aprueben.
Y yo ni siquiera sé quién es usted», replicó Jim. Él comenzó a pensar en todos las demoras y obstáculos posibles que enfrentábamos.
Aunque este hombre arreglara el financiamiento todavía sería
muy tarde para que pudiéramos comprar el teatro porque no tendríamos el dinero a tiempo.

«¿Qué banco? ¿Qué hipoteca?» contestó el hombre. «Esto es
en efectivo. Aquí está el número de teléfono de mi abogado. Pída-
le a su abogado que lo llame, y yo compraré su edificio».

Eso fue todo. Cuando esa noche Jim llegó a la casa y me contó la historia, casi me desmayo. La posibilidad de que sucediera algo así era de una en un millón. Después de solo unas semanas, sin usar un corredor de bienes raíces, vendimos nuestro decrépito edificio por un precio inimaginable y usamos el dinero para comprar el teatro. Este había sido nuestro hogar durante más de veinte años, un lugar donde miles de personas le entregaron sus vidas a Cristo.

La evidencia de la fidelidad de Dios en nuestra vida ha sido tan real que ni Jim ni yo hemos intentado explicar el cumplimiento de sus promesas como una cosa que no es sobrenatural. Seguimos confiando en que su Palabra significa exactamente lo que dice, porque Él continúa colocándonos en situaciones en las que no tenemos otra elección que no sea confiar en Él como el Dios que contesta nuestras oraciones.

Al escuchar las maneras en que Dios obró en nuestras vidas, estarás tentado a pensar que nosotros pertenecemos a alguna categoría especial. Pero Jim y yo no somos diferentes de cualquier otra persona. La verdad es que ninguno de nosotros puede lograrlo sin la clase de ayuda que viene mediante la oración ferviente que toca el corazón de Dios. Recuerda, además, que Dios nos fortalece a medida que perseveramos en oración. Nunca es su voluntad que desfallezcamos y caigamos alejándonos de Él. Cada vez que creas que ya no puedes seguir ni un minuto más, ora y sigue orando. Dios te quitará la carga sin que importe qué clase de presión o desafío estés enfrentando. Sé que esto es cierto porque me ha sucedido cada vez que he tenido la tentación de rendirme. Dios siempre me sostiene si yo derramo mi corazón en oración.

EL SECRETO DE LA FORTALEZA ESPIRITUAL

Marie Arn, mi abuela materna, era una mujer que no permitía que nada ni nadie le impidiera orar. Ni siquiera sus catorce hijos. Ni siquiera un esposo impío. No importaba qué estuviera sucediendo a su alrededor, a menudo estaba sobre sus rodillas durante dos o tres horas al día, a veces orando toda la noche. Era una mujer cuyo discernimiento espiritual era siempre certero, formado como estaba por su vida de oración. Creo que su devoción para orar es lo que le dio la fortaleza para sobrevivir su difícil matrimonio y en el proceso criar a catorce hijos. La comunión con Dios era el gran secreto de su fortaleza espiritual.

Mi abuela vivía en una finca en las afueras del pueblecito de Monticello, Wisconsin, que tenía una población de 792 habitantes. Aún era una joven cuando un día un evangelista pelicolorado de las Asambleas de Dios llamado George Price levantó una tienda de campaña en el pueblo. Determinado a esparcir el evangelio por dondequiera que fueran, él y su esposa llevaban todas sus posesiones en un viejo automóvil todo golpeado. No hay dudas de que a la presentación le faltaba pulimento. Pero Dios estaba con ellos y dejaron a seis convertidos en este pueblecito. Una de ellas fue mi abuela.

Aunque ella estaba muy decidida a vivir para Dios, su esposo no lo estaba. A mi abuelo no le gustaba tener una esposa que gastara tiempo o dinero en la iglesia. De hecho, era tan hostil al evangelio que quemó una de las Biblias de mi abuela y una vez, en medio del invierno, estaba tan enojado que le cerró la casa cuando ella se fue para la iglesia. Pero mientras más oposición tenía, más perseveraba. Desarrolló una fe sólida e inconmovible en Dios que hasta ganaba fuerzas de la oposición que enfrentaba. Si este era el costo de servir a Jesús, ella estaba más que gustosa de pagar el precio.

Nunca supe si mi abuelo cambió por completo su interés en el cristianismo, pero creo que la paciencia y las oraciones de ella ayudaron a suavizarlo. Durante años, abuela le pidió dinero para poner en el plato de la ofrenda, pero él siempre se lo negaba. Pero a medida que abuelo fue envejeciendo, comenzó a abrir su billetera sin que se lo pidieran. Lo hizo así todos los domingos.

No era de extrañarse que mi abuela sintiera la necesidad de Dios tan agudamente. Ella sabía que su vida espiritual dependía de una constante comunión con Dios. Dada su fe en las promesas

de Dios, abuela oró durante cada prueba y tribulación que le llegaba. Aprendió por medio de la experiencia personal que la oración
es poderosa porque nos conecta directamente a un Dios poderoso
que escucha y responde.

Mi madre también fue un ejemplo maravilloso para mí. A medida que el ministerio de mi padre crecía, él empleaba más tiempo
en el campo misionero y a menudo salía de viaje al extranjero.
Ambos estaban convencidos de que él tenía el llamado para este
trabajo a pesar de que en esos momentos no tenía una iglesia que
lo apoyara y tenían seis hijos que alimentar
y vestir. Recuerdo una vez que mi madre
oró y ayunó durante dos semanas, mientras papá estaba en uno de esos viajes,
pidiéndole a Dios que nos ayudara. Poco
después de esto un rico negociante se co-
municó con nosotros y ofreció sostener
continuamente la obra misionera de papá.

En una de sus cartas a los primeros cristianos, el apóstol Pablo destacó la fe sincera
de una madre y una abuela. Estas eran mujeres que pasaron su fe a su hijo y nieto,
Timoteo, un joven que fue discípulo de
Pablo. Al igual que Timoteo yo he sido ben-
decida desde mi infancia con los piadosos
modelos de dos generaciones de intercesso-
ras en mi familia.

Sinceramente, no recuerdo ninguna
época de mi vida en que yo dejara de orar.
No quiere decir que siempre orara como
debía, pero clamar a Dios se convirtió en algo absolutamente vital
en mí. Así que es natural que la oración estuviera en el corazón del
ministerio del Coro del Tabernáculo de Brooklyn.

> *Mi abuelo era tan hostil al evangelio que quemó una de las Biblias de mi abuela y una vez, en medio del invierno, estaba tan enojado que le cerró la casa cuando ella se fue para la iglesia.*

LA ORACIÓN DETRÁS DEL ENSAYO

Dada su fe en las promesas de Dios, abuela oró durante cada prueba y tribulación que le llegaba. Aprendió por medio de la experiencia personal que la oración es poderosa porque nos conecta directamente a un Dios poderoso que escucha y responde.

Hace varios años Jerry Evans de *J & J Music,* el mayor distribuidor de música coral del país, y un buen amigo de Jim y mío, se me acercó un día y me preguntó: «Carol, ¿cuál es tu fórmula?»

La pregunta de Jerry me sorprendió tanto que se me escapó decir: «Jerry, no hay ninguna fórmula, solo oramos, ensayamos y salimos y cantamos. Creo que es así de sencillo».

Los ensayos del coro son todos los viernes por la noche y siempre comienzan con unos momentos de oración. Comenzamos a orar a las 6:30 p.m. y gradualmente pasamos al ensayo. Por lo general, terminamos a las 10:00 p.m. o más tarde si estamos trabajando en algún proyecto especial. Muchas noches, mientras miro al coro, veo hermanos y hermanas que parecen abatidos espiritualmente y cansados de lidiar con la vida en la ciudad de New York. Cuando oramos al Señor, veo que se quitan sus cargas. Debido al tiempo que empleamos con Dios, los ensayos de los viernes por la noche se han convertido en un verdadero oasis al final de una semana caótica. Es cuando invitamos al Espíritu Santo a llenarnos de nuevo para que el domingo podamos levantarnos y cantar de manera tal que guiemos a la gente a tener un profundo encuentro personal con Dios.

Así que oramos como si nunca hubiéramos cantado antes, ni nunca hubiéramos ganado un premio. Porque sabemos que si Dios no nos bendice, no nos será posible ministrar efectivamente a la gente. Y la música de la iglesia nunca debe ser simplemente un entretenimiento. Eso la hace barata. Dios nos la dio para cambiar vidas. Si así no sucede, ¿qué sentido tiene cantar? Sabemos también que la adoración profunda sucede no cuando subimos nuestras manos y gritamos «Aleluya» o cantamos un coro dando palmadas. Eso es fácil. La alabanza profunda sucede cuando nos rendimos una y otra vez a Dios. Jesús, mientras estaba en la tierra, fue el modelo perfecto de este tipo de adoración.

> Por eso, al entrar en el mundo, Cristo dijo:
> «A ti no te complacen sacrificios ni ofrendas;
> en su lugar, me preparaste un cuerpo;
> no te agradaron ni holocaustos
> ni sacrificios por el pecado.
> Por eso dije: "Aquí me tienes
> —como el libro dice de mí—.
> He venido, oh Dios, a hacer tu voluntad."»
> *Hebreos 10:5-7*

Cuando Jesús dejó que Juan lo bautizara en el río Jordán, mostró su deseo de hacer la voluntad del Padre. Dios estaba tan complacido con la humilde sumisión del Hijo que expresó su aprobación para que todos lo oyeran: «Tan pronto como Jesús fue bautizado, subió del agua. En ese momento se abrió el cielo, y él vio al Espíritu de Dios bajar como una paloma y posarse sobre él. Y una voz del cielo decía: «Éste es mi Hijo amado; estoy muy complacido con él» (Mateo 3:16-17). Nuestro deseo de hacer la voluntad de Dios abrirá los mismos cielos, y es entonces cuando experimentamos al Señor en toda su plenitud.

Recuerdo uno de los viajes de Jim a Lima, Perú. Me contó acerca de una joven pareja que conoció allá la cual mandaron a comenzar una iglesia en el área de la selva. Se dirigieron a un lugar donde no había un templo, no había una congregación ni tampoco una casa donde vivir una vez que llegaran allí. Aunque tenían muy poco o ningún dinero, tenían fe. Cuando la iglesia oró por esta joven pareja, la percepción de la presencia de Dios era tan fuerte que sobrecogió a todos los concurrentes de ese día. El sacrificio de una

> *La adoración profunda sucede no cuando subimos nuestras manos y gritamos «Aleluya» o cantamos un coro dando palmadas. Eso es fácil. La alabanza profunda sucede cuando nos rendimos una y otra vez a Dios.*

vida totalmente rendida es la suprema adoración que podamos ofrecer a Dios.

Joanne Brown, una solista del coro, habla acerca de su experiencia durante nuestros momentos de oración el viernes por la noche:

«Los viernes por la noche siempre vengo temprano porque si pierdo la oración, y nunca la pierdo, entonces pierdo lo mejor de participar en el coro. Estamos tan consumidos con la presencia de Dios que perdemos la noción del tiempo y terminamos el ensayo sin haber llegado a practicar. Por lo general, Carol empieza diciéndonos algo de la Palabra de Dios y entonces nos guía en un tiempo de búsqueda de Dios.

»Recuerdo una vez, no hace mucho, en que oí a una hermana sollozando detrás de mí mientras orábamos. Yo no sabía nada de lo que ella estaría pasando, pero sentí la necesidad de orar con ella. Se nos unieron otras dos mujeres y comenzamos a orar. Empecé por pedirle a Dios que la sanara aunque no sabía si ella tenía algún problema. Después de terminar ella dijo que el médico le había dicho que era posible que tuviera lupus. Por eso es que estaba llorando. Cuando oré por su salud, ella supo que Dios la estaba tocando, diciéndole que Él se ocupaba de lo que estaba sucediendo en su vida y que Él tenía el control».

Muy a menudo, durante nuestros momentos de oración los viernes por la noche, Dios obra para llevarnos hasta el punto de arrepentirnos por las cosas que Él quiere cambiar en nuestras vidas. Durante esos momentos experimentamos su amor, gozo y poder de modo que podamos servir mejor a otros. Cuando nos presentamos frente a una gran audiencia, nuestra confianza está en Él a medida que ministramos el evangelio por medio de los cantos.

Ya he contado cómo Dios ha obrado en las vidas de mi madre y mi abuela, pero cada vez que miro al coro, reconozco que cada una de esas caras tiene una historia. Aunque esas historias tomaron formas en lugares de una cultura muy diferente a las de mi abuela y mi mamá, es el mismo Dios que está aún obrando, aún quebrantando y atrayendo personas hacia Él. Déjame decirte qué veo cuando miro a Pam.

«DAME ALGO REAL»

Hace ocho años que Pam Pettway es miembro del coro. Antes de eso era una artista rapera que grabó con la disquera Virgin. Pam ya estaba a punto de ser una estrella, pero Dios tenía algo más en mente para la vida de ella.

❧

«Nací un Día de los Padres en el 1966. Creo que fue apropiado porque no había otra hija más orgullosa de su padre que yo, especialmente todos los domingos cuando me llevaba a la iglesia en la que era pastor asociado. Y también me sentía orgullosa de mi madre. Ella tenía un título universitario de teología y estaba mejor preparada que la mayoría de las esposas de los líderes. Mis padres eran mis modelos durante mi niñez. Junto a mi hermanita, empleábamos la mayor parte del tiempo libre en la iglesia, y la gente de allí eran como de la familia.

»Pero el mundo se me hizo añicos cuando tenía quince años. Fue cuando supe que mi papá había tenido algunos problemas y no podía continuar sirviendo en la iglesia. Muy pronto, después de eso, mis padres se divorciaron y mamá dejó de llevarnos a la iglesia donde asistíamos. Debido a esto, nos sentimos muy alienadas, muy apartadas de todos los demás que siempre habíamos amado.

Nunca entendí por qué la gente en la iglesia, que era como una familia, se apartó de nosotros tan de repente.

»No solo perdimos los amigos, sino que además teníamos muy poco dinero para vivir. Antes de que mis padres se divorciaran, teníamos todo lo que necesitábamos. Ahora apenas podíamos sostenernos. Nos echaron del apartamento en dos ocasiones diferentes porque no podíamos pagar el alquiler. Uno de los lugares era tan malo que los ratones corrían por la sala. Recuerdo lo incapaz y confundida que me sentí. Nadie era igual. Ni mamá. Ni mi hermana. Y especialmente yo. Todo era descabellado, y sentí que estaba padeciendo un ataque de nervios.

»Me preguntaba, *¿dónde está Dios en medio de todo esto? ¿Realmente me ve? ¿Acaso sabe que estoy aquí? ¿Entiende Él lo que yo estoy pasando?* Me sentí muy desilusionada, tan falta de esperanza. Parecía que Dios nos había abandonado al igual que todos los demás.

»La fe que tenía se desvaneció lentamente, y decidí que me encargaría de mi vida. Mientras tanto, mi hermana se casó con un hombre que se convirtió en un gran éxito en la música hip-hop y rap urbano. Era la cabeza de *Boogie Down Productions*, mi cuñado grabó varios álbumes bajo el nombre *KRS-One*. Su apodo en la cumbre de su fama durante la década de 1980, era *The Teacher* [El maestro] porque sus raps tenían mensajes muy conscientes de la política y la sociedad. Uno de sus discos hasta llegó a ser de oro.

»A fines de los ochentas me consiguió un gran contrato para grabar con *Virgin Records*, que planeó presentarme en el escenario musical como una rapera que podía cantar. Yo era conocida como una rapera positiva porque mi mensaje no era sobre la violencia en las calles sino acerca de Dios, la familia y la comunidad. Pero aunque yo estaba hablando de Dios, estaba apartada de Él como si lo estuviera buscando a través de mi música. La compañía de discos no sabía qué hacer con una rapera que cantaba acerca de Dios. No encajaba allí.

»Al mismo tiempo yo estaba hablando en varias escuelas públicas en New York. El gobernador Mario Cuomo destinó unos fondos para pagarle a gente como yo para dar charlas estimulantes como parte de un programa de prevención de drogas. Le hablé a los jóvenes, asegurándoles que ellos también podían llegar a ser un éxito si trabajaban mucho. Luego me embolsillaba los $100 dólares que me pagaban y daba la misma charla en la próxima escuela. Supuse que esto era una buena publicidad para mi carrera, pero todo era tan falso.

»Sucedió que la mujer que me llevaba a estas charlas pertenecía al Tabernáculo de Brooklyn y siempre me estaba presionando para que fuera a visitar la iglesia. Ella no sabía que yo había asistido allí, aunque sin mucho entusiasmo, cuando tenía diecisiete y dieciocho años. Pensaba: *Ya yo pasé por eso.*

»Aunque el primer disco que grabé fue un éxito y *MTV* sacó al aire mi vídeo musical, *Virgin Records* todavía no sabía qué hacer conmigo. No fue que mi carrera se deshiciera o quemara. Solo se desvaneció.

»Después de esto me sentí tan sola, tan fría, viviendo sola en un costoso apartamento en Brooklyn. Algunas noches cruzaba la calle para ir a un restaurante japonés y ordenaba *sushi* y una botella de cerveza. Luego me lo llevaba al apartamento y me lo comía allí sola. Pero la soledad no era mi único problema. También se me estaba acabando el dinero. Aunque la compañía de discos me había pagado un buen adelanto, yo no había sacado provecho alguno.

»Una noche comencé a llorar y a clamar: "Oh, Dios, si estás ahí, tienes que ayudarme. Necesito sentir tu presencia porque yo no entiendo la vida". Sentía que no tenía futuro, ninguna esperanza. Pensé suicidarme.

»No era que no tuviera alguien en quien confiar. Para entonces, tenía una buena relación con mis padres. Sabía que ellos iban a orar por mí. Tenía amigos. Pero nadie sabía el tormento que sentía dentro de mí. Era fácil esconderlo pretendiendo que todo andaba bien. Nadie sabía lo que me estaba pasando.

»Por fin me dí por vencida y un domingo fui al Tabernáculo de Brooklyn. Cuando me senté en el balcón y oí las canciones, me repetía: "Ya escuché todo esto en el pasado, pero realmente qué quiere decir. ¿Cómo me va a liberar? ¿Qué es esta paz, este amor, esta vida eterna de la cual todos hablan? ¿Dónde está el "gozo inexplicable y lleno de gloria"? ¿De qué se trata todo esto "Él camina conmigo y me habla"?

»No quería ser una feligresa que solo cumple con las apariencias. Estaba harta de falsedades. Estaba tan frustrada que quería gritar: "Dénme algo real o me voy. ¡Dénme a Jesús o me voy a reventar!"

»Recuerdo que miré hacia abajo y vi a los pastores sentados en la plataforma. Uno de ellos estaba resplandeciente. Tenía una brillantez que era difícil obviar. Estaba tan inmerso en la adoración y la alabanza. Tan feliz de estar allí. Supe que yo no tenía lo que él sí tenía. Pero lo quería tener.

»Seguí viniendo a la iglesia, siempre me sentaba en el balcón. Por último, un día de año nuevo, le pedí a Jesucristo que tomara el control de mi vida. Después de esto comencé a asistir a las reuniones de oración de los grupos, un ministerio de intercesión de la iglesia. Fue en esta atmósfera de oración que realmente Dios comenzó a penetrar mi corazón. A medida que la gente oraba, yo solo me sentaba y lloraba. La presencia de Dios me conmovió profundamente. Poco a poco, enternecidamente, Dios quitó todas las capas que cubrían mi herida y dolor y todas mis preguntas acerca de la vida. A medida que lo hizo, comencé a mejorar. Sentí tanto amor en esa habitación que estaba contenta de sentarme allí y orar todo el día, durante el resto de mi vida.

»Pero no deseaba volver a cantar. La música me dejó un sabor muy amargo en la boca. Desde luego, nadie en la iglesia conocía mi ca-

> *No quería ser una feligresa que solo cumple con las apariencias. Estaba harta de falsedades. Estaba tan frustrada que quería gritar: «Dénme algo real o me voy. Dénme a Jesús o me voy a reventar!»*

rrera. Ni siquiera sabían que yo podía cantar. Un fin de semana asistí a un retiro del grupo de oración. Cuando llegó la hora del segmento de los talentos, me sorprendí a mí misma al ofrecerme de voluntaria para cantar una canción llamada *Hunger for Holiness* [Hambre de santidad].

»Mientras cantaba, algo pasó dentro de mí. Las palabras no eran solo la letra de la canción que en ese momento estaba cantando, sino una convicción que provenía de mis entrañas. Ya no estaba actuando. Pronto la gente empezó a llorar y alabar a Dios por todas partes. Miré por los alrededores preguntándome qué estaba pasando. Más tarde, uno de los pastores sugirió que me probaran en el coro. Luché un poco contra eso porque todavía no quería cantar. Por último cedí porque me parecía que Dios me lo estaba pidiendo. ¿Cómo podría negarme sabiendo que era su voluntad?

»Cuando te unes al coro parece que te unieras al ejército porque este es un lugar de disciplina. Dios te cambia y te transforma para que puedas ser una bendición a otros. No es un lugar para personas que solo les guste cantar ni para quienes siempre quieren que les oigan sus opiniones. Hay 275 personas en el coro, ¿cómo sería posible que todos expresáramos nuestras opiniones y que todavía tuviéramos tiempo para hacer algo? Es concentrado. Es intenso y es trabajo. Este ha sido mi lugar de bendiciones.

»Me afecta cada canción que Carol me da para cantar. Ella no reparte los solos pensando que los puedes cantar bien. Te los da porque piensa que a ti te será posible expresar ese mensaje con eficiencia.

»La canción que más profundamente me afectó se llama *You Were There* [Tú estabas allí]. Habla sobre cómo Dios estaba allí cuando yo estaba perdida, cómo me rescató y me dio esperanza. Sigue diciendo que Dios fue quien enjugó mis lágrimas y me libró de mis temores y quien prometió que nunca me dejará. Yo me sentí tan sola cuando mi padre nos abandonó y luego cuando fracasó mi carrera musical. Me preguntaba dónde estaba Dios. Pero Él siempre estuvo allí. No me ha olvidado. Él vio mis lágrimas cuando nadie más las vio.

»Cuando estás alejado del Señor, te cubre un tipo de oscuridad que hace difícil ver a Dios. Lo esconden tu confusión emocional y tus pecados. Pero eso no quiere decir que Él no esté allí. Cuando sales a la luz, te alineas con Dios y comienzas a ver cómo ha estado obrando todo el tiempo. Es bueno saber que Dios estaba allí, estuvo allí a través de todas mis luchas y todas mis preguntas, y siempre estará allí para mí. Nunca le conté mi historia a Carol, nunca me probaron para la canción. Ella sencillamente me la dio, y fue como cantar la historia de mi vida.

»Después que las cosas empezaron a volver a la normalidad, conocí a mi futuro esposo en la iglesia, y ahora tenemos dos hijos preciosos. Eso por sí solo es una maravilla porque hace unos años yo le dije al Señor: "No quiero casarme. Por favor, Dios, nunca voy a tener un bebé de alguien. ¡De ninguna manera!" Puedes hablar con mi familia y ellos te dirán que soy la última de las personas que creyeron que se casaría y tendría hijos. ¡Pero para mi sorpresa, mi esposo realmente piensa que soy una buena madre y una buena esposa! Ahora soy una ama de casa suburbana. Urbana, hip-hop, rapera, ama de casa suburbana. ¡Para mencionar los dos extremos del espectro! Y no hay nada que preferiría hacer mejor que estar en la casa con mis hijos y cantar en el coro aunque nunca antes trabajé tanto».

Dios ha visto la angustia de una muchacha cuyo hogar de pronto se derrumbó debido al divorcio de sus padres. Él supo de sus intentos para hacer algo con su vida. Él estuvo a su lado mientras cada noche ella cenaba sola en su apartamento. Cuando por fin Pam bajó lo suficiente para rendir su vida a Dios, comenzó a reconocer que Él nunca la había abandonado, que Él nunca la dejaría.

Muchos de nosotros nos preguntamos, como lo hizo Pam, por qué nuestras vidas parecen estar estancadas sin llegar a nada. Tal vez vayamos a las emociones de la religión sin tener una verdadera relación con Jesucristo. Así como Dios renovó el sentido de paz de Pam y la bendijo con una nueva vida, Él hará lo mismo para cualquiera que llegue al límite y por último confíe en Él.

A través de los años, el coro ha aprendido que una vida sometida es la clave para experimentar a Dios y dejar que Él nos use para cumplir su propósito. Cuando nuestras vidas igualan la letra de la canción, es que realmente estamos cantando.

CINCO

VIVIR LA LETRA DE LA CANCIÓN

El invierno en New York puede ser brutal. A pesar de eso, con frecuencia veo en la iglesia a madres solteras con sus hijos durante el peor de los climas aunque para llegar aquí tengan que pasar más de una hora viajando en ómnibus o trenes subterráneos. Los que vienen en sus autos a menudo tienen que estacionarse a ocho o diez cuadras de distancia, y los taxis, minibuses y ómnibus alquilados traen grupos de visitantes desde muy lejos. A veces, en la víspera de Año Nuevo, la gente pasa horas esperando en una fila afuera con temperaturas de congelación, solo porque quieren celebrar el Año Nuevo en la casa del Señor.

¿Es la música, la predicación, o algún programa interesante que los atrae? ¿Acaso inventamos alguna fórmula especial que hizo crecer nuestra iglesia más allá de las expectativas? La respuesta, desde luego, es mucho más sencilla. La gente viene porque con ansiedad está buscando amor y la realidad espiritual. Para ellos, ningún obstáculo es tan grande como para impedirles entrar a un lugar donde pueden escuchar la verdad de Dios y experimentar su amor.

De muchas maneras la ciudad es un ambiente hostil para los cristianos. Vivir aquí realmente te hace aferrarte a Dios porque, créeme, New York no es el centro de la fe bíblica, ni tampoco la iglesia forma parte de la cultura de la ciudad. Quizás es por eso que los miembros del coro toman su ministerio con tanta seriedad. Reconocemos que nuestro trabajo no es actuar sino guiar a las personas a la presencia de Dios. De hecho, en ningún momento la Biblia menciona a un grupo de creyentes que sube a una plataforma para entretener a otro grupo de creyentes. El rey David no cantó ni danzó ante el Señor para entretener a la gente sino para adorar a Dios. No importa con cuánto afán lo busques, no encontrarás la idea de actuación por ninguna parte en la Biblia.

> *La Biblia nunca menciona a un grupo de creyentes que sube a una plataforma para entretener a otro grupo de creyentes. No importa con cuánto afán lo busques, no encontrarás la idea de actuación por ninguna parte en la Biblia.*

Es cierto que hemos tenido algunas oportunidades de aparecer con artistas muy reconocidos. Nos han pedido que actuemos en convenciones políticas nacionales, que aparezcamos en varias películas y que cantemos en actuaciones de artistas. Pero nunca nos hemos sentido bien con estas invitaciones, porque Dios no nos llamó para eso. Nuestro ministerio es guiar a la gente a tener un encuentro con Jesucristo. Para nosotros, la actuación sería un paso de retroceso gigantesco.

Pero no podemos guiar a las personas a Dios al menos que primero le permitamos llenarnos con su Espíritu Santo y amor. Esto es cierto no solo para el coro sino para todos los que están en el ministerio: los pastores, intercesores, líderes de estudios bíblico y los líderes de jóvenes. Si tu corazón no está lleno del amor de Dios, nunca tendrás la compasión que necesitas para ver a la gente mediante Sus ojos. Es por eso que cuando hago una audición para un nuevo miembro del coro, hago más que escuchar la voz de esa persona. También trato de escuchar el corazón de esa persona porque preferiría tener cantantes menos aptos pero con corazones sinceros y amorosos que voces magníficas que cantan solo para actuar.

A veces en las iglesias oigo a la gente hablar acerca de la música como si esta fuera en sí la respuesta. «Esa canción sí funciona», dicen. Pero ninguna canción «funciona» cuando se trata de cambiar el corazón de la gente. Solo Dios puede cambiar nuestros corazones. Solo porque una canción provoque una respuesta emotiva no quiere decir que está funcionando en el ámbito espiritual.

> *Nuestro ministerio es guiar a la gente a tener un encuentro con Jesucristo. Para nosotros, la actuación sería un paso de retroceso gigantesco.*

QUIÉN ESTÁ CANTANDO

No creo que Dios está buscando canciones para ungir. Ni tampoco está buscando la música perfecta. Si quisiera perfección, simplemente le pediría a los ángeles que cantaran. No, lo que Dios busca son personas dispuestas a dejarse usar por Él para esparcir el evangelio y ver *solo* su nombre glorificado.

Así es como se realiza un verdadero ministerio. Ya sea un sermón, una discusión de un pequeño grupo, o alimentar a los hambrientos, la verdad es la misma. Los que realmente ministran son aquellos cuyos corazones han estado vacíos de sí mismo y se llenaron con la gracia y el amor de Jesucristo.

Nunca olvido lo que experimenté de jovencita en la iglesia de mi padre porque le dio forma a mi comprensión de la clase de adoración que busca Dios. Todavía, luego de cuarenta años, veo la escena como si fuera una fotografía. Una mujer se paró mientras comenzábamos a orar. Era una mujer muy delgada y blanca, no era particularmente atractiva ni particularmente dotada, por lo menos en lo que al canto se refiere. Pero al abrir su boca y cantar una alabanza al Señor, atrajo corazones ante la presencia de Dios. Su amor por el Señor era tan evidente que todo lo que se veía era la belleza de Cristo en ella.

Afortunadamente, hemos tenido la bendición de contar con algunas personas muy talentosas que de verdad aman al Señor, aunque a veces les lleva un tiempo colocar sus prioridades en orden. Brenda Davis es una mujer que cantó en los tres primeros álbumes del coro. El día que se unió, la sección de las sopranos aumentó el volumen en un treinta por ciento. Su voz era magnífica. Solo había un problema, todavía ella no había aprendido la diferencia entre actuar y ministrar.

Aunque Brenda cantaba profesionalmente, la enterré en la última fila. Para seleccionar un solista necesito oír algo más que una bonita voz. Aunque Dios usa nuestras voces, es a través del corazón que se comunica su amor.

Recuerda, el coro no es mejor que los corazones de la gente que lo componen.

Recuerda, el coro es tan bueno como los corazones de la gente que lo componen, y Dios todavía estaba obrando en el corazón de Brenda, moldeando su personalidad en forma tal que lo glorificara en lugar de hacerlo de forma que la aclamara a ella.

Un día, Jim llegó a la casa luego de celebrar la ceremonia de bodas de dos ex adictos a las drogas que tenían muy poco dinero. Pero esa noche cuando Jim entró por la puerta, no hizo comentario alguno acerca de la ceremonia. Algo más cautivó su atención. Luego me dijo: «Al caminar por el vestíbulo, vi a alguien de rodillas limpiando con cuidado las patas de la mesa de servir, acicalando las cosas para la fiesta después del matrimonio. Le pregunté al jefe de los ujieres quién era la persona que estaba ayudando con la pequeña recepción para esas personas.

—Ah, esa es Brenda Davis —me contestó.

—¿Brenda? ¿Y ella conoce a esas personas?

—Realmente no las conoce, pero supo que no tenían mucho dinero y las quiso ayudar.

Durante los meses anteriores Jim y yo habíamos visto a Brenda en el altar, pidiendo oración y luego orando con otros. Ese día, cuando Jim la vio arrodillada limpiando, lo primero que me dijo cuando entró por la puerta fue: «Carol, Brenda Davis está lista. Ya es hora de que cante».

Así que Brenda grabó los solos en algunos de los álbumes del coro. Después de eso se convirtió en la editora de una revista para mujeres cristianas y también se convirtió en una amiga muy querida. Cada vez que pienso qué tipo de persona queremos tener en el coro, me acuerdo de Brenda Davis, no por sus muchos talentos sino por su corazón de sierva.

Pero, ¿cómo saber la condición del corazón de alguien? No existe una manera segura, por supuesto, pero muchas cosas salen a relucir cuando uno pasa tiempo hablando con ellos. Cualquiera que apruebe la parte vocal de la audición del coro, luego tiene que pasar una entrevista que le hago yo o un miembro de mi personal administrativo.

Cuando me siento con los ansiosos candidatos, trato de asegurarles que Dios tiene un plan para sus vidas. (A veces, para solo diez a quince posiciones, tenemos alrededor de cien personas esperando que las prueben.) Por eso es que necesito ser sensible a su dirección al seleccionar a los nuevos miembros del coro. Les pido que me hablen de sus vidas y de sus antecedentes. Después de un rato les pregunto cuándo aceptaron a Cristo en sus vidas. Algunas veces sus respuestas muestran a las claras que realmente aún no lo conocen. En ocasiones he orado con personas en ese mismo momento para dirigirlos al Señor.

Durante el transcurso de las entrevistas con frecuencia conozco personas que tienen una fe profunda en Dios. Nos humilla escuchar cómo Dios ha obrado en sus vidas. Su amor por Él es evidente. Esas son las personas que yo quiero que participen en el ministerio.

Sin embargo, hay otros con voces sobresalientes que parecen tener muy poca relación con Dios. El talento solo no es suficiente. Algunas de las personas más talentosas a las que le hacemos una audición quizás buscan solo una oportunidad de cantar en un coro grande. Lo consideran como algo prestigioso y no como un ministerio.

Durante la entrevista los sorprendo haciéndoles unas cuantas preguntas personales. Por ejemplo, les pregunto con quiénes viven porque muchas veces esa pregunta descubre cuáles son realmente sus valores. Recuerdo el caso de un hombre que se entrevistó con Leroy, un miembro de mi personal administrativo. Cuando Leroy le preguntó con quién vivía, casi se cae de la silla. «¿Cómo me vas a preguntar con quién vivo yo? Eso no es tu problema, Leroy. Mira, he cantado en tres coros diferentes, he cantado solos y nunca antes me hicieron esa pregunta. No te voy a contestar».

El hombre se levantó y se fue, y nunca más lo vimos. Me dolió que se fuera, pero creo que la cantidad no es lo que importa sino quién canta. Si una contralto siempre canta la nota correcta pero está viviendo con un muchacho con el cual no está casada, no puede representar a Jesucristo ni ministrar en nuestro coro.

Desde luego, me he equivocado invitando a algunas personas antes de que estén listas, pero no descarto los problemas que luego se manifestarán. Pero lo que hago es decirle a la gente que tienen que tomar una decisión. O arreglan las cosas con Dios, o tienen que salir del coro.

Cuando alguien pasa la primera entrevista, tiene que ir a otra entrevista con mi esposo. Por lo general Jim habla a grupos de cuatro o cinco posibles miembros del coro y a veces me parece que se esmera en asustarlos hasta sacar al último. «Miren» les dice, «tal vez ustedes se pregunten por qué hacemos que una petición para unirse al coro se convierta en algo tan difícil. Déjenme explicarles por qué probaron las voces, por qué los entrevistó Carol o alguien de su personal y por qué ahora están sentados en la oficina del pastor principal.

»Carol y yo hemos trabajado juntos durante mucho tiempo y Dios ha usado el coro para bendecir a la iglesia de maneras poco comunes. En algunas iglesias al coro solo se le pide cantar una o dos canciones antes del sermón. En otras, el coro canta y luego deja el templo, ni siquiera se queda para el servicio. Con nosotros Dios ha hecho lo opuesto usando al coro de maneras más grandes que para solo cantar. A menudo le pido a los miembros del coro que salgan y durante un buen rato oren por la congregación o que oren por aquellos que necesitan un ministerio individual al final del servicio.

»Hace poco una mujer que llevaba espejuelos oscuros se acercó al altar para orar. Estaba llorando en silencio cuando se levantó para orar, así que me le acerqué y la toqué suavemente en el hombro para preguntarle si podía ayudarla. Ella se quitó los espejuelos oscuros y vi un ojo tan hinchado y negro que parecía que un boxeador la había golpeado. Parece que su esposo, el hombre que debía quererla y protegerla, le pegó. Me contó que él había estado vendiendo y usando cocaína crack y había llenado la casa de armas de fuego y drogas. Sus amigotes estaban contando dinero y cortando droga en la mesa de la cocina, exactamente frente a sus dos hijos. Tan pronto como esta mujer encaró a su esposo, pidiéndole que dejara de hacer eso, le dio un fuerte puñetazo en la cara.

»Yo sabía que ella necesitaba un pastor pero todos estaban ocupados orando con otras personas. Así que hice lo que he hecho miles de veces, llamar a una contralto o soprano que me esté mirando en ese momento. Luego le pedí a esta miembro del coro que orara con ella y que le hiciera una cita con el pastor. "Llámela todos los días durante una semana. Anímela, dele la Palabra de Dios, sea su compañera de oración y luego ayúdela a conocer a otros miembros de la iglesia".

»Esa mujer no necesitaba una canción, lo que necesitaba era alguien que le leyera la Palabra de Dios y orara con ella. Yo necesito saber que la persona a quien estoy enviando a ministrar toma su fe con seriedad. En ese momento realmente no importa lo bien que ustedes canten. Si se unen al coro, se les pedirá que hagan cosas que solamente son posibles si ustedes consideran muy seriamente el ministerio espiritual y están caminando sinceramente con el Señor».

Si Jim no asusta demasiado a una persona y si ambos estamos de acuerdo en que dicha persona puede ser una gran adición al coro, entonces lo invitamos a unirse.

Es así de simple —o complicado— dependiendo de tu punto de vista. Pero esta inversión de tiempo por adelantado nos ha ahorrado una gran cantidad de problemas y ha conservado el ministerio del coro a través de los años.

LA ADORACIÓN QUE DIOS BUSCA

Jesús dijo: «Pero se acerca la hora, y ha llegado ya, en que los verdaderos adoradores rendirán culto al Padre en espíritu y en verdad, porque así quiere el Padre que sean los que le adoren. Dios es espíritu, y quienes lo adoran deben hacerlo en espíritu y en verdad» (Juan 4:23-24). Así que Dios no solo está buscando cualquier tipo de adoración, sino la que te está dando cuando tú y yo venimos a Él en «espíritu y en verdad». Él no está buscando personas que hagan teatro o que desempeñen un papel o que sean meramente adoradores con sus labios pero no con sus vidas.

Yo estoy bien consciente de que la música de adoración se ha convertido en una industria multimillonaria. Y sé que los avances tecnológicos nos han animado a poner más énfasis que nunca antes en la producción. Sin embargo, a medida que viajo alrededor del país son muchos los líderes y equipos de adoración que veo ejecutando alabanzas en vez de dirigir al pueblo de Dios en una verdadera adoración espiritual. El peligro que veo es que los que están en los bancos terminan siendo meros espectadores, que siguen solo mecánicamente sin nunca entregar sus corazones en el tipo de adoración que Dios busca. Es posible que el grupo de alabanza cante hermosamente, pero su canto tendrá poco impacto si ellos no disciernen el estado espiritual de las personas durante todo el proceso.

Insto a las iglesias a nunca valorar la cantidad en lugar de la calidad. Esto es importante para no atiborrar muchas canciones dentro de un tiempo de adoración que comienza a parecerse a un concurso de resistencia. Como líderes de adoración, no necesitamos llenar el tiempo con música como si tuviéramos miedo de aceptar un intervalo entre las canciones. La verdadera adoración también involucra momentos de quietud esperando ante el Señor.

Recientemente visité una iglesia donde el director de cantos saltaba de un corito a otro a una velocidad vertiginosa. El equipo de adoración iba a todo andar. Estaban sincronizados. El sonido era fantástico, pero cuando miré a los alrededores noté que muy pocas personas parecían estar sumergidas en la adoración. Me parece que cantamos como doce coros diferentes, pero era imposible comprometer nuestros corazones mientras nos esforzábamos para aprender canto tras canto. Toma tiempo dejar que las palabras de un canto penetren en el corazón. A veces es mejor cantar menos cantos y repetir uno de ellos varias veces. En lugar de sentirme renovada por la presencia de Dios, al final de esa sesión de adoración me sentí como si hubiera terminado un entrenamiento aeróbico. Me senté exhausta.

En la actualidad hay millones de personas que están hambrientas de una experiencia con el Dios viviente. Ansían desesperadamente tener un encuentro para adorarlo y no solo ver cómo otros lo hacen. Esas personas no quieren ver un espectáculo, quieren algo real. Si queremos guiar a las personas a la adoración, debemos empezar por ser nosotros mismos vulnerables y adorar a Dios al mismo tiempo que cantamos en lugar de montar un espectáculo. Si venimos a Dios como un niño viene a su padre, pidiéndole al

> *Son muchos los líderes y equipos de adoración ejecutando alabanzas en vez de dirigir al pueblo de Dios en una verdadera adoración espiritual. Los que están en los bancos terminan siendo meros espectadores, que siguen solo mecánicamente sin nunca entregar sus corazones en el tipo de adoración que Dios busca.*

Espíritu Santo que nos ayude a llevar a otros a su presencia mediante la adoración, el Espíritu Santo nos ayudará a alcanzar la plenitud de Dios de manera que otros también sientan atracción para adorarlo a Él.

Debemos, además, tomar el tiempo necesario. No podemos apurar un programa de canciones planeado por anticipado, sino que debemos ser sensibles a la dirección del Espíritu Santo. Él es el único que conoce el estado espiritual de las personas y la necesidad exacta del momento. Hasta sencillamente cantar *a cappella* de todo corazón significa más para Dios que una producción musical sofisticada y superficial.

> *Mucha de la música de la iglesia que apela a la cultura general contiene palabras que con la misma facilidad se le pudieran cantar a una novia o a un novio.*

Aunque es triste, mucha de la muy llamada música cristiana actual es superficial, con poca conexión a las verdades bíblicas de nuestra fe. Tal vez esas canciones suenen bien, sin embargo, mucha de la música de la iglesia que apela a la cultura general contiene palabras que con la misma facilidad se le pudieran cantar a una novia o a un novio. Quizás esas canciones produzcan un impacto emocional, pero no dejan una impresión espiritual en nuestros corazones. Aunque sea música gospel carece de mensaje evangélico.

Estoy dolorosamente consciente de la tentación a transigir cuando se trata de la música. Y no es de sorprenderse. Las personas están completamente seguras de la clase de música que les gusta oír, y si diriges la adoración o el coro, es casi imposible escapar de esa presión. Me gustaría decir que yo nunca he transigido con respecto a algo tan importante, pero no es así. Hace un par de años la gente en la iglesia realmente me presionaron para que les enseñara una canción de una película popular. La sacaron de un viejo himno, pero había algo en la canción que no estaba bien, y yo sabía que no debía hacerlo. También sabía que la gente pensaría mal de mí si me resistía. Así que me dí por vencida y le enseñé la canción al coro. Después me metí en el auto y lloré por todo el camino hasta mi casa. Al enseñar este canto al coro, supe que había cruzado los límites que nunca debí cruzar. Si nuestra adoración es de la clase de adoración que Dios busca, cuando seleccionamos la música tenemos que ser sensibles a su dirección, no importa cuán fuerte sea la presión para ir en contra.

Además de cantar los cantos que tienen cierta profundidad, es importante que recordemos ensalzar el nombre de Jesús cuando cantamos. En la actualidad no es poco común participar en un servicio de adoración en el que no se menciona el nombre de Jesús antes de que transcurran veinte minutos. Sin embargo, no fueron Moisés ni David los que nos salvaron, nos liberaron y nos dieron un futuro lleno de esperanza, sino Jesús. Parte de la iglesia tiene la tendencia de ir cambiando a un ministerio y énfasis del Antiguo Testamento, quizás olvidándose de que es el nombre de *Jesús* lo que hace que los demonios tiemblen.

No explico estos detalles de cómo concebimos la adoración en el Tabernáculo de Brooklyn para decir que solo hay una manera de dirigir la adoración o formar un coro. No obstante, quiero que sepas la seriedad con que nosotros lo hemos tomado. Creo que los principios en los cuales nos basamos para seleccionar a los miembros del coro tienen sentido para también

> *Al enseñar este canto al coro, supe que había cruzado los límites que nunca debí cruzar. Si nuestra adoración es de la clase de adoración que Dios busca, cuando seleccionamos la música, tenemos que ser sensibles a su dirección, no importa cuán fuerte sea la presión para ir en contra.*

escoger las personas de cualquier otro ministerio de la iglesia. Sí, tiene que haber un talento básico, pero ese talento no es lo más importante. Todo el talento del mundo no lograría nada de importancia espiritual, si no viene de un corazón que está verdaderamente rendido a Dios.

Hace muchos años que Morris Chapman es amigo de Jim y mío. Él es un autor muy conocido de canciones y director de adoración. A lo mejor has oído algunas de sus canciones, como *Bethlehem Morning* [La mañana en Belén], *Be Bold, Be Strong* [Atrévete, sé fuerte] o *Jesús, Your Name Is Power* [Jesús, tu nombre es poderoso]. Esto es lo que él dice acerca del ministerio de la música:

«Creo que un coro nos debe inspirar, pero cada coro debe ser lo que es. Yo no canto igual que otra persona. El coro que dirige Carol no canta igual que otro coro. Pero si Dios te ha dado un don, entonces úsalo, respétalo, permite que Dios te dé el poder de desarrollarlo. La prueba de la bendición de Dios no es lo bien que el coro suena o cuántos discos hayan vendido sino cuántas vidas cambiaron gracias a ellos. Invito a las personas no a imitar el coro de Carol, sino a imitar cómo siguen a Cristo. Imitar su ejemplo de fidelidad en la oración y dedicación a la integridad y excelencia. Pero no trates de hacer con exactitud lo mismo que ellos hacen».

Las iglesias de hoy confían más y más en los expertos que enseñan cómo hacerlo todo, desde desarrollar un ministerio juvenil hasta tener programas efectivos de alcance. Aunque aprender de otros es importante, la clave es recordar que solo seremos lo que Dios quiere que seamos. Debemos buscarlo continuamente en oración, pidiéndole al Espíritu Santo que desarrolle y bendiga nuestro ministerio. Cuando enseño en los talleres alrededor del país, trato de quitar la idea de buscar una fórmula, en lugar de eso animo a los directores de coros y a los líderes de adoración para que se enfoquen en la importancia de tener corazones rendidos.

ATENTOS A LAS SORPRESAS DEL ESPÍRITU

Aunque tengamos un método para audicionar y entrevistar a las personas del coro, no dejo que el método sea el encargado de tomar una decisión. Por el contrario, quiero permanecer abierta a la dirección del Espíritu Santo. Nunca olvidaré mi primera reunión con Marleen Healey y Josh Carroll. (Josh cuenta su historia en el capítulo 3). Los dos vinieron a New York procedentes de lugares diferentes del país para seguir sus carreras de actuación. Ambos eran nuevos convertidos al cristianismo —de lo cual uno podía darse cuenta. Sus caras resplandecían el día que los conocí.

«Hace solo unas semanas que somos cristianos», me dijo Josh durante la entrevista. «Todavía vivimos en el mismo apartamento, pero yo duermo en el sofá y ella duerme en el cuarto». Su honestidad era refrescante y me dejó desarmada. Son muy raras las ocasiones en que escojo a un nuevo cristiano para cantar en el coro, pero esta vez no me pude negar porque sentí que era la voluntad de Dios que ellos participaran de los sucesos.

Nunca había visto a alguien como Marleen que semejara tan típicamente a todas las jóvenes americanas. Es una mujer joven y hermosa. No me imaginaba lo diferente que realmente había sido su vida hasta que un día ella me contó su historia.

«Crecí en Aurora, un suburbio de Denver, Colorado. Mi mamá siempre me dijo que yo era la niña más alegre de los alrededores hasta que llegué a la adolescencia. Por desgracia, la depresión es hereditaria en mi familia y a mí me golpeó muy duro. Mis emociones me enloquecieron. A veces estaba muy eufórica y otras muy deprimida. Mi padre es médico, así que me recetó antidepresivos, pero estos no dieron resultado.

»En la secundaria aumenté mucho de peso y comencé a ser muy deficiente en las clases. Por último dejé de asistir a las clases, excepto las de teatro y el coro porque eso era lo único que me interesaba. A pesar de mi amor por la actuación, nunca tuve los papeles que me gustaban porque siempre tenía un poco de sobrepeso. Finalmente decidí que haría cualquier cosa que fuera necesaria para obtener el papel principal del drama escolar durante mi último año. Eso significaba rebajar nueve kilos [veinte libras], así que me limitaba a comer solo un sandwich con pan ácimo al día. Eso era todo lo que comía, y era fanática haciendo ejercicios. De repente, luego de perder peso, me hice popular. Le gustaba especialmente a los muchachos, y yo era tan insegura que hacía cualquier cosa con tal de sentirme amada.

»Más tarde comencé a llevar a mi novio permanente a mi casa, y pasábamos juntos la noche en mi cuarto. Mis padres nunca pusieron objeción. Supongo que permitían cualquier cosa que me hiciera feliz. Sin embargo, no era feliz.

»Cuando cumplí los diecinueve años, les anuncié a mis padres que me mudaría a la ciudad de New York para continuar mi carrera de actora. Realmente lo que quería era irme de la casa, y New York parecía ser un lugar excitante para vivir. Dos semanas después subí al auto y me fui manejando mientras que mi mamá se quedó llorando en el portal.

»Me sentía tan fuerte, tan optimista mientras manejaba a través de Colorado, Kansas y Missouri. Pero cuando llegué a Pennsylvania ya tenía los nervios destrozados. ¿Qué estaba haciendo? No conocía a nadie en New York, ni tampoco tenía trabajo. Pero seguí manejando.

»La llegada a New York fue peor de lo que había pensado. Tenía un apartamento, pero me daba miedo salir de allí.

»Finalmente, dos meses después que me mudé a la ciudad, tuve valor para ir a una audición. Detrás de mí estaba un tipo en la fila, y comenzamos a hablar. Su nombre era Josh Carroll, y enseguida nos comprendimos, probablemente porque ambos estábamos tan solos y temerosos. Pero aunque pasamos mucho tiempo juntos, no nos llevábamos bien. ¿Cómo era posible? Yo estaba deprimida e insegura, flaca y muriéndome de hambre. Y Josh se pasaba todo el tiempo bebiendo.

»Los dos pasamos la audición y nos contrataron para actuar en una revista musical que se estaba presentando en un centro turístico en Wisconsin. Yo estaba contentísima con la idea de actuar en cualquier lugar, mientras que Josh estaba en el hoyo. Para él esto era el fondo del abismo. Cuando no trabajábamos, andábamos vagueando por los alrededores. Yo fumaba un pitillo tras otro mientras que él tomaba.

»Cuando Josh decidió entrar al bar para robar cervezas, yo no quise participar en eso. Pero de todas formas me arrestaron. Después de pasar la noche en la cárcel, me esposaron con otra prisionera y nos llevaron a un cuarto común. Josh también estaba allí esposado. Qué triste espectáculo éramos. Nos liberaron pero nos advirtieron que nos quedáramos por allí hasta pasar el juicio por la acusación del robo. El padre de Josh vino manejando desde Nebraska para atendernos. Fue muy paciente y amoroso con nosotros. Pasó todo el tiempo hablándonos del deseo que tiene Dios de tener una relación con nosotros. Como estábamos tan acobardados, realmente lo escuchamos. Oramos, pidiéndole a Dios que hiciera un milagro, rogándole que nos sacara de aquella situación. Y así lo hizo.

»Sin embargo, nuestras vidas no mejoraron en nada. Tan pronto como volvimos a New York, nos volvimos a mudar juntos. Entonces nuestras discusiones se pasaron de los límites. Josh se puso muy celoso y se imaginaba que yo miraba a cada joven que nos pasaba por el lado. No importaba las veces que le dijera que yo lo amaba, no me creía y entonces yo me violentaba y tiraba los platos o cualquier otra cosa que tuviera en mis manos. Al poco tiempo todo lo que teníamos estaba roto y había huecos en las paredes. Josh continuaba bebiendo y yo me deprimía más y más. Cada vez que dormíamos juntos, nos sentíamos culpables porque sabíamos que no era correcto.

»No teníamos amigos que nos ayudaran a aliviar esta tensión. Al principio cualquiera que nos conocía nos amaba pensando que éramos una hermosa pareja. Pero pronto se daban cuenta que Josh tenía problemas con la bebida y que mi ánimo era muy variable. Nuestras constantes discusiones alejaban a cualquiera que se nos acercara.

»Las cosas empeoraron hasta el punto que no pude actuar más. La actuación siempre había sido un gran escape para mí porque podía dejar mi depresión pretendiendo que era otra persona. Pero ahora ni siquiera actuar me ayudaba.

»Llegó un momento en que Josh firmó un contrato para actuar en otra ciudad durante tres meses. Me preocupó pensar que lo perdería mientras estaba fuera y comía cada vez menos aunque trabajaba de mesera en un restaurante que abría toda la noche desde las 6:00 p.m. hasta las 6:00 a.m. Tomaba tantas pastillas de dietas que ni podía pensar bien. Siempre estaba enojada y todas las noches amenazaba con que iba a dejar el trabajo. En un restaurante en New York es fácil salirte con la tuya porque es muy difícil encontrar personas que trabajen.

»Cuando Josh regresó a New York decidimos que necesitábamos buscar una iglesia. Un cliente del restaurante me dio un panfleto del Tabernáculo de Brooklyn, y después un tío de Josh también nos llamó una noche sugiriéndonos que visitáramos el Tabernáculo de Brooklyn. Josh les dijo a sus padres que estábamos buscando una iglesia. Su mamá nos advirtió que una vez que decidiéramos ir, el diablo haría cualquier cosa para detenernos.

»El primer domingo, apenas lo logramos. Llegamos tarde y gritamos por todo el camino. Del servicio no recuerdo mucho pero sí recordaba la música. Sin embargo, al día siguiente me sentía tan diferente. No puedo explicar por qué. Me sentía feliz, y me parecía muy extraño sentirme tan bien porque durante años padecía de depresión.

»Esa noche, después de asistir a la iglesia, Josh comenzó a dormir en el sofá. Aunque aún no habíamos decidido darle nuestras vidas a Cristo definitivamente. Entonces, una noche durante una reunión de oración, el pastor Cymbala comenzó a hablar acerca de una época en la Biblia en que Dios dijo que habría "hambre de oír las palabras del SEÑOR". Luego comenzó a ser más personal y dijo: "Dios sigue hablándote al corazón y si no le prestas atención, llegará el día en que no tendrás la capacidad de escucharlo". Esa noche los dos estábamos histéricos. No queríamos que Dios dejara de buscarnos. Así que allí fue cuando finalmente nos entregamos a Cristo.

»Poco tiempo después probamos ir al coro, aunque verdaderamente no estábamos tan interesados en el coro, solo queríamos que alguien supiera que estábamos allí. Queríamos que alguien respondiera nuestras preguntas y queríamos tener amigos. ¡Estábamos tan confundidos, tan necesitados!

»Durante la entrevista Carol nos miró de forma muy peculiar mientras le contábamos nuestra situación. Vi correr las lágrimas por sus mejillas. "¿Saben una cosa? No hay nada mejor que conocer a Cristo", nos dijo. Eso era todo lo que yo necesitaba oír. Entonces supe que había esperanzas. Las cosas iban a mejorar.

»Tan pronto como llegamos a casa después de la audición encontramos un mensaje esperando por nosotros en la máquina contestadora ofreciéndonos un gran trabajo para actuar. Incluía viajar alrededor de Francia con un sueldo de mil dólares a la semana por actuar en una revista musical. De inmediato apretamos el botón para borrarlo porque supimos exactamente quién estaba detrás de este mensaje. Alguien estaba empeñado en mantenernos enterrados en nuestra vieja vida, pero no íbamos a caer en el anzuelo.

»Enseguida la iglesia ayudó a Josh a encontrar otro lugar para vivir, encontramos amigos en el coro que nos ayudaron a responder a nuestras preguntas. Yo sabía que pertenecer al coro implicaba ministrar a otros, sin embargo, era a mí a quien estaban ministrado. Nunca más sentí que tenía que ganarme el amor de alguien. Ni que tenía que emplear dos

> *Carol nos miró de forma muy peculiar mientras le contábamos nuestra situación. Vi correr las lágrimas por sus mejillas. "¿Saben una cosa? No hay nada mejor que conocer a Cristo", nos dijo. Eso era todo lo que yo necesitaba oír. Las cosas iban a mejorar.*

horas frente al espejo antes de salir. Ya no tengo miedo de salir de mi apartamento, ni tengo que pasar más hambre ni más depresiones. Todo se fue por completo.

»Aunque Dios estaba haciendo grandes cosas en nuestras vidas, yo tenía dudas en cuanto a mi relación con Josh. Seguíamos sintiendo grandes resentimientos del uno hacia el otro debido a las cosas horribles que nos habíamos dicho y hecho. ¿Era la voluntad de Dios que siguiéramos juntos o que termináramos? Pudo haber sido más fácil separarnos que permanecer juntos y resolver nuestras dificultades.

»Recuerdo un día que estábamos cantando en el coro y yo vi a Josh adorando al Señor. En ese momento fue como si escuchara a Dios decir: "Deja de enfocarte en el pasado y mira lo que he hecho. Josh me ama y su vida está en mis manos. No tienes que preocuparte pensando que de nuevo él comenzará a tomar. Yo voy a cuidarlos". Entonces supe que Dios nos estaba dando un nuevo comienzo.

»Entre otras cosas tuvimos que aprender acerca de los límites porque nuestros límites siempre fueron muy extremistas. Por ejemplo, solo terminábamos una discusión después de romper todos los platos y ambos estar histéricos. ¡Qué clase de límite! Sabíamos que sin Dios nuestra relación era imposible. Pero a medida que trabajamos en esas cosas, Dios nos dio un amor genuino el uno por el otro. También aprendimos a comunicarnos y a orar juntos. Durante el curso de nuestra tormentosa relación, vimos los lados terribles de cada uno. Pero gracias a lo que Dios ha hecho, ya esos ni siquiera existen. El 20 de mayo del año pasado nos casamos y estoy muy agradecida de tener a Josh en mi vida».

❦

Josh y Marleen son personas dotadas. Sin embargo, no fue su talento lo que me impresionó ese día en que ellos tuvieron una audición para el coro. Fue el sentido abrumador de su amor por

Jesús. Estaban radiantes como nuevos bebés espirituales y sus corazones estaban puros y tiernos a pesar de su reciente pasado. Aunque experimentaron tinieblas, por fin llegaron al final de estas. Allí conocieron a Dios quien siempre los amó y no se detuvo hasta traerlos a su redil. Ellos pertenecen a la clase de persona de las cuales estoy muy orgullosa de tener en el coro.

Increíblemente, Dios no solo los salvó sino que también salvó su relación, colocándolos en un nuevo fundamento. Cuando considero lo mucho que Marleen y Josh han cambiado, me acuerdo de las palabras de un antiguo himno que dice:

> Pon tus ojos en Cristo,
>   Tan llenos de gracia y amor
> Y lo terrenal sin valor será
>   A la luz del glorioso Señor.

EL SACRIFICIO DE LA ALABANZA

Uno de mis versículos favoritos en la Biblia revela la cercanía de Dios. No lo describe como a un ser distante, sino como a un Dios tierno que realmente habita en las alabanzas de su pueblo (ver Salmo 22:3). Como sabemos que en todo momento Dios está dondequiera, este versículo está describiendo algo mucho más íntimo y personal. A menudo se le ha llamado «la presencia manifestada de Dios» en el cual Dios revela algo de su gloria a los corazones de aquellos que lo adoran. Experimentamos su cercanía, su bendición y ayuda no cuando ensayamos una y otra vez nuestras dudas y quejas, sino al ofrecerle nuestras alabanzas y acción de gracias. Es por eso que todo este tema de alabanza y adoración es tan importante para las iglesias al igual que para las vidas individuales.

Cada vez que nuestras alabanzas llegan al cielo, el Espíritu Santo nos da nuevas revelaciones de quién es Dios, mostrándonos cuán grande es su gloria. Cuando leo las historias de los que en la Biblia tuvieron dramáticos encuentros con Dios, reconozco que muchos de ellos estuvieron impactados con la revelación de la gloria de Dios.

> *Experimentamos la cercanía, bendición y ayuda de Dios no cuando ensayamos una y otra vez nuestras dudas y quejas, sino al ofrecerle nuestras alabanzas y acción de gracias.*

Cuando vemos, como lo vio David, que: *tu gloria, SEÑOR, es grande* (Salmo 138:5), también reconocemos cuán pequeños somos y cuán necesitados estamos al compararnos con Él. Nos humillamos en su presencia como lo hicieron Moisés, Isaías, y el apóstol Juan. Comenzamos a reconocer que Dios es digno no solo de nuestra adoración, sino del sacrificio de toda nuestra vida. Queremos reverenciarlo profundamente porque *Grande es el SEÑOR y digno de alabanza* (Salmo 96:4). Cuando experimentamos la gloria de Dios, lo que menos queremos hacer es colocarnos al frente para ser el centro de atención. No podemos darle la gloria a Dios si estamos tratando de obtenerla para nosotros mismos. De hecho, Dios dice con toda claridad «no cederé mi gloria a ningún otro» (Isaías 48:11). Cualquier predicador, cantante, coro o iglesia que quiera adueñarse de la gloria necesita tener un nuevo encuentro con Jesucristo. Nuestro lugar está en el fondo de manera que Dios esté todo el tiempo en el centro del escenario.

Cuán fácil es para cada uno de nosotros perder la visión de esta verdad acerca de Dios y su gloria. Es fácil comenzar por comprometernos, queriendo reservar un poquito de gloria para nosotros. Después de todo, el talento que está usando el Señor es el nuestro. Sin embargo, esta clase de actitud es dañina espiritualmente porque aflige al Espíritu Santo. Percatarnos de estar buscando la gloria para nosotros mismos nos ayudará a recordar que un día apareceremos delante del juicio de Cristo para dar cuenta de cómo y por qué trabajamos para Él. Es allí que nuestros motivos se revelarán, cuando Cristo mismo juzgue la calidad de nuestro trabajo y nos dé la recompensa eterna.

EL «ACCIDENTAL» BAJISTA

Joey Vásquez ha estado en el coro durante veintisiete años. Trabaja con el personal administrativo de la iglesia haciendo, como él dice, «cualquier cosa que Carol no quiere hacer». La descripción no le encaja del todo ya que todavía no lo he podido convencer de que se disfrace de mí para que pueda cumplir con las apariciones públicas que yo más temo. Pero yo seguiré intentándolo. Joey se integró en el coro siendo un adolescente, y en aquel entonces como él mismo dijo: «Para entrar en el coro solo tienes que ser capaz de caminar y masticar chicle al mismo tiempo».

Y bien se podría decir que Joey se sorprendió al convertirse en nuestro bajista. Así lo recuerda él.

❧

«Solo hacía un par de semanas que estaba en el coro, cuando me hice amigo del percusionista, un joven llamado Sam. Un día él me invitó a ir a su casa antes del ensayo del coro. Cuando llegué, Sam estaba tocando un contrabajo, tratando de seguir el compás de un disco cristiano que estaba escuchando. Le pedí que me dejara intentarlo y comencé a tocarlo torpemente siguiendo la canción. Al poco rato nos fuimos para la iglesia al ensayo del coro. Después de unos momentos de oración, Carol se me acercó y me dijo: "Sam me dijo que tú sabes tocar el bajo".

»Me dejó sin habla. Este tipo tenía que estar bromeando. Poco antes había tocado la guitarra pero nunca el contrabajo. "No, no tengo la menor idea de cómo tocar el bajo, Carol".

»"Pienso que eres un poco tímido, Joey. Por supuesto que sabes cómo tocar el bajo. Ayúdanos ahora con la siguiente canción".

»Así fue que, directamente frente a todos, con gran temor y turbación comencé a tocar el contrabajo, y desde entonces lo he venido tocando.

»Después de estar en el coro casi seis años, grabamos nuestro primer álbum, pero yo no estaba tocando. Usamos músicos profesionales que el productor recomendó. Lo mismo pasó con los próximos álbumes, lo cual nos alegró porque sabíamos que la banda no estaba lista para debutar.

»Después del quinto o sexto álbum grabado en un estudio, Carol decidió grabar un álbum en vivo con nuestros músicos, porque ella quería que el coro se oyera igual que se oiría si estuvieran cantando en uno de los cultos de la iglesia, cosa que nunca se logra con los álbumes grabados en el estudio. Fue precisamente antes de eso, que yo tuve que ausentarme del coro durante tres meses por razones personales y otro hermano de la iglesia tocó durante mi ausencia.

Cuando regresé, me emocionó escuchar que por fin tocaríamos en uno de los álbumes del coro. No obstante, para mi decepción, Carol me informó que ella creía que el nuevo bajista debía por lo menos tocar dos canciones en el disco dado que había tocado durante mi ausencia. No me pareció justo ya que yo había tocado fielmente durante doce años y él solo hacía tres meses que estaba tocando. No dije nada, aunque yo quería tocar todas las canciones. Después que salió el álbum tuvimos la oportunidad de ministrar por primera vez en el *Radio City Music Hall*. Íbamos a presentar nuestro nuevo álbum. De nuevo dijo Carol que planeaba usar al otro bajista en un par de canciones. Esta vez mi decepción llegó al tope y pocos días después la confronté.

»"Carol", le dije, "yo he tocado durante doce años y nunca he faltado a un ensayo del coro. ¿Por qué no puedo ser *el* bajista ahora que vamos a Radio City Music Hall? Nadie usa a dos bajistas durante un concierto.

»"Joey", me dijo, "he estado pensando en eso, y no será fácil usar a dos bajistas, así que tú serás el único, pero en realidad no debe importar quién toque. Lo único que debe importarnos es que la gloria sea para Dios".

»Eso fue todo lo me que dijo. Todo lo que necesitaba decir. De repente me sentí tan pequeño, mi egoísmo lo había distorsionado todo. Durante esos años yo no había tocado para que me dijeran qué bien lo hacía. Tocaba porque me encanta adorar a Dios con el coro y me encanta dirigir a otras personas a la adoración. Entonces, ¿por qué iba a permitir que mi ego me venciera? Carol me dio la sacudida exacta que yo necesitaba. Desde entonces decidí que mi meta en la vida sería asegurarme que Dios recibiera la gloria, no importa cuáles fueran las circunstancias.

»Hace poco un joven bajista visitó nuestra iglesia. Solo tenía dieciocho años, pero era mucho más diestro que yo. Era tan bueno que asustaba. Sin embargo, no sentí ni una pizca de celos. Estaba agradecido por su talento, y me alegró que lo usara para el Señor. Antes de irse comentó que no era muy común que otro bajista le brindara tanto aliento. La mayoría de los músicos que había conocido se sentían amenazados, como si él les fuera a quitar sus trabajos.

»Nunca me hubiera sentido tan libre de disfrutar el talento de ese joven si Carol no me retara tanto durante todos estos años. Pero ella ha sido como una flecha apuntando directamente a Dios, no solo con sus palabras sino con su vida. Si hay algo en mí que no glorifica a Dios, yo sé que me lo quitará. Algunas veces el proceso del refinamiento es doloroso. Dios permite las pruebas para moldearnos. Pero ya no les temo, porque mi meta no es evitar el sufrimiento sino darle la gloria a Dios en cualquiera de las circunstancias que me encuentre.

> *Algunas veces el proceso del refinamiento es doloroso. Dios permite las pruebas para moldearnos. Pero ya no les temo, porque mi meta no es evitar el sufrimiento sino darle la gloria a Dios en cualquiera de las circunstancias que me encuentre.*

»Otra cosa que Carol ha hecho por mí y por los otros músicos en el coro es enseñarnos a adorar a Dios con nuestros instrumentos. Tocar un instrumento en vez de cantar no quiere decir que no pueda entrar en la adoración con todos los demás. Realmente lo mejor con respecto a Carol y el coro es que ninguno de nosotros se ha olvidado de quiénes somos. Sabemos que Dios escoge las locuras de este mundo. Creemos que nos bendice cuando le damos toda la gloria a Dios. Que nunca olvidemos esto».

Espero que veas que lo que dijo Joey es cierto para todos nosotros, no importa el ministerio o trabajo para el cual te llamó Dios. Si trabajas en la iglesia, en un banco, en una fábrica, o en un restaurante que abre toda la noche, el llamado es el mismo: Darle la gloria a Dios dondequiera que estemos. Comenzaremos a producir el fruto perdurable en el momento en que hagamos de esto nuestra meta principal.

CIENTO POR CIENTO

A medida que hablo en varias conferencias alrededor del país, escucho decir a un grupo de directores de coros que por lo general solo cuentan con casi un sesenta por ciento del coro que viene a los ensayos. Dicen que la gente anda ocupada y que el sesenta por ciento es muy bueno. Pero casi no podía creer lo que escuché, con toda sinceridad debo decir que no entiendo esto.

Así que cuando les hablo, les recuerdo que Jesús no nos negó nada y hasta llegó a morir en la cruz por nosotros. Después que Cristo nos ha dado tanto, ¿cómo sería posible servirle sin darle todo nuestro ser?

Esperamos mucho de las personas que se integran al coro del Tabernáculo de Brooklyn. Creemos que sería injusto para ellos y para el Señor si así no lo hiciéramos. De manera que cuando me preguntan cuánto es el promedio de asistencia, yo digo que es cerca del ciento por ciento. La única vez que alguien del coro pierde un ensayo es cuando está enfermo o se le presenta una emergencia. Y en ese caso hasta notifican a sus líderes para decirle que estarán ausentes. No cancelan el ensayo por haber tenido un mal día o porque no pudieron dormir la noche anterior, ni porque tengan que ir de compras navideñas, o porque prefieran tener una cena con un amigo. Prefieren estar allí y si no quisieran venir, enseguida indagamos y le pedimos que renuncie para que otra persona más devota al ministerio tome su lugar. Consideramos que esta es la única manera de acercarnos efectivamente al ministerio que Dios nos ha llamado a hacer.

Se espera que los miembros del coro asistan a dos de los cuatro servicios de los domingos (3:00 p.m. y 6:00 p.m.), y los animamos para que también asistan a las reuniones de oraciones los martes por la noche. Los miembros del coro saben que no se toleran los cambios de ánimos ni las malacrianzas porque es imposible dirigir a otros en adoración si uno está pensando en sí mismo y en todos sus problemas. Solo piensa por un momento qué pasaría si solo el diez por ciento del coro volteara sus ojos al mismo tiempo porque algo no les gustó. ¡Serían cincuenta y cuatro ojos a la vez! Desde luego, somos humanos. Todos tendremos dificultades, pero desde el momento en que estamos en la plataforma, ponemos a un lado nuestros problemas personales de manera que Dios nos use para ministrar a otros.

El coro no es un lugar para imponer nuestras opiniones ni expresar los gustos musicales. No votamos para elegir las canciones que vamos a cantar el domingo. Ni tampoco le prestamos atención a lo que alguien quiera que el coro use para vestir porque le guste el «invierno», «otoño», «verano» o la «primavera». Si estás en el coro, se espera que cantes la música con todo tu ser, aunque no sea tu estilo favorito de música. Estar en el coro es un privilegio. A la luz de lo que otros cristianos encaran en el mundo, lo que le pedimos a los miembros del coro apenas es un sacrificio.

Jesús, por supuesto, es el mejor ejemplo de alguien que adora a Dios a través del sacrificio de su vida. Su absoluta rendición trajo salvación y bendición a los que creen. Nosotros, como cristianos, estamos llamados a seguir el ejemplo de Cristo de morir, pero no en la cruz. Estamos llamados a morir a nuestros planes y deseos egoístas para que así Cristo pueda vivir en nosotros. A medida que hacemos esto por la gracia de Dios, descubriremos inevitablemente la plenitud y el gozo que con tanta dificultad estamos tratando de encontrar.

LA HISTORIA DE DÁMARIS

Hace casi treinta años que Jim y yo conocimos a Dámaris Carbaugh. La música es una parte tan importante en su vida, que no me sorprendería en lo absoluto si me dijeran que ella llegó al mundo cantando. Cuando Jim y yo la invitamos a cantar en nuestra pequeña iglesia en la Avenida Atlantic, ella era solo una adolescente. Desde entonces grabó nueve álbumes, desarrolló un ministerio internacional, y se ha convertido en una destacada solista en el Tabernáculo de Brooklyn. De todas las canciones que ha grabado con nosotros, la que más me llega al corazón es *He's Been Faithful* [Él ha sido fiel]. Aunque Dámaris nunca ha dejado de ir a la iglesia, ella nos cuenta acerca de un tiempo en su vida cuando se alejó de Dios.

❧

«Algunas personas recuerdan el pasado de sus vidas y culpan a sus familias por su infelicidad. Pero en mi caso eso no tuvo nada que ver para que yo me alejara de Dios, ninguna violencia, ni drogas o adicción al alcohol, ni terribles heridas escondidas adentro de mí. Por el contrario, tuve la mejor infancia que uno se pueda imaginar. Aunque nunca me uní a un grupo malo, ni me fui de mi casa, ni dejé la escuela, ni fui una adicta a las drogas, sí hice algo que para mí va más allá de lo peor.

«Nací a mediados de la década de 1950 y pasé una gran cantidad de tiempo en la iglesia. Mi abuelo era el pastor de la iglesia en el sur del Bronx, y mi madre trabajaba con él. Poco después de yo nacer, mis padres se mudaron a Cuba durante un año y medio para trabajar en la obra misionera. Después, pasamos unos cuantos veranos en Perú y Bolivia, viajando de iglesia en iglesia en las que mi madre predicaba y mi padre cantaba y tocaba el piano. Después pasamos varios años en Puerto Rico. Allí fue que me enamoré de la música. Mi padre comenzó un coro de niños con solo unos pocos niños. Nunca olvidaré el día en que nos enseñó, a los doce miembros, a cantar una armonía en dos partes. No podía creer lo bello que se oía. Estaba tan encantada que miré al resto de los niños del coro para ver si estaban tan emocionados como yo. Pero nadie más parecía sentir mi entusiasmo acerca de este nuevo y glorioso descubrimiento.

»A los once años nos volvimos a mudar a New York y comencé a tomar lecciones de canto con una menuda mujer italiana en el Carnegie Hall. Aunque no era común dar una preparación clásica a una niña cuya voz no se ha desarrollado por completo, esta menuda mujer debe haber decidido que yo estaba lista cuando me miró y se dio cuenta de que yo le llevaba medio pie de altura —yo medía 1,68 metros [cinco pies y siete pulgadas] sin zapatos. En cuanto a mí se refiere, esas lecciones me encantaban. Solo me interesaba la música y cantar.

»A los quince años estaba involucrada en toda clase de actuaciones, incluyendo las producciones de la secundaria de *Kiss Me Kate* [Bésame Kate] y *The King and I* [El rey y yo]. Si había un show de talentos en New York, allí estaba yo. Después de una de estas actuaciones, un hombre de la audiencia se me acercó para decirme algo que mi corazón de quince años nunca podrá olvidar: "Realmente creo que lo lograrás», me aseguró. Tienes lo que se necesita para ser una estrella". Aquel hombre me dijo lo que siempre quise oír. Después de esto yo quería ser famosa.

»Luego me presentó a un músico muy apoderado que se convirtió en mi productor. Y de ahí en lo adelante comencé a hacer comerciales con la esperanza de que mis ganancias financiaran un disco de demostración que impresionara al estudio de grabación más importante. Comencé a cantar anuncios para compañías como *Coca Cola, Pepsi, Kentucky Fried Chicken* [Kentucky Pollo Frito], *Minute Maid Orange Juice* [Jugo de Naranja Minute Maid], y *Wrigley's Double Mint Gum* [Chicle de menta doble Wrigley].

»A los dieciséis años también participé en algo llamado el trío Cortese, con mis hermanas Debbie y Joanne. Fuimos el grupo de respaldo en los viajes evangelísticos del ministerio de mi madre. No estoy segura de cómo el pastor Cymbala supo de la evangelista Aimee y sus hijas cantantes, pero un día nos invitó a ministrar en una pequeña iglesia en la Avenida Atlantic. Nunca olvidaré entrar al santuario y escuchar a Carol tocando el órgano. Miré a mi hermana Debbie y murmuré "¿Puedes creer esto?" Qué hermosos eran los acordes que ella tocaba y qué diferentes de lo que normalmente se oye en las iglesias. Desde ese momento, la música realmente se apoderó de mi corazón.

»Al terminar el servicio, le dije a mi madre cuánto me gustó la iglesia. Hasta yo misma me sorprendí de decirlo, porque realmente ¿qué había allí que me gustara? En la congregación solo había alrededor de treinta personas y ninguno de ellos se mostró muy amigable. La iglesia estaba ubicada en un pequeño y feo edificio donde todo se estaba cayendo en pedazos. Pero me atraía algo más, algo más profundo. Los corazones de Carol y del pastor Cymbala parecían estar tan llenos de Dios. Me acuerdo que pensé: "Quiero conocer y amar a Dios de la misma manera que ellos lo hacen".

»Después volvimos a la iglesia varias veces, cantábamos durante los servicios y los ayudábamos los sábados por la noche en las actividades de *Teen Challenge* [Desafío Adolescente] que el pastor Cymbala estaba celebrando. No pasó mucho tiempo antes de que el Tabernáculo de Brooklyn se convirtiera en nuestra iglesia. Recuerdo que fuimos parte de la primera reunión de oración de los martes que se celebró en el sótano de la iglesia. La presencia de Dios era muy real y fuerte.

»Asistíamos a la iglesia y mientras tanto yo seguía con mis sueños de ser una estrella de música pop. En 1980 contraje matrimonio con Rod y nos mudamos a Charlotte, Carolina del Norte, donde él trabajaba en una estación de televisión cristiana. Para ese entonces yo trabajaba con varios productores, pero todavía no tenía un contrato de grabación. Pero un día, sin yo saberlo, mi productora sometió un disco de demostración al Festival de la Canción Americana. El premio principal de ese año era un contrato por valor de un cuarto de millón de dólares para grabar con grabaciones CBS. Mi productora estaba muy emocionada cuando llamó, a principios de 1983, casi al final de mi primer embarazo. "Dámaris, lo lograste. ¡Estás entre las diez finalistas!"

»"¿Finalistas de qué?" le pregunté. "¿Acaso por ser la mujer embarazada más grande de los Estados Unidos?" Había aumentado tanto durante mi embarazo que a todos les decía que yo tenía mi propio código postal.

»Pero ella no estaba bromeando y me aseguró que yo estaba compitiendo para ganar un gran contrato de grabación. Poco antes de dar a luz a mi hija, recibí la noticia. Dámaris Carbaugh finalmente lo logró. Aún no había actuado en el Madison Square Garden ni esperaba hacerlo en el Palacio de Londres, pero estaba a punto de grabar un álbum con la compañía de grabación CBS. Mi carrera, pensé, estaba casi al despegar.

»Sin embargo, nunca había hablado de mis sueños con el pastor Cymbala ni con Carol, tal vez porque sabía que les entristecería saber lo que realmente yo quería. Me parecía que quizás ellos eran un poco fanáticos. No tenían una mente muy amplia como la mía, verdaderamente la gran mente pecaminosa que yo tenía. Había olvidado el versículo que dice: "No hagan nada por egoísmo o vanidad". Bueno, yo vivía por una ambición egoísta muy grande. Realzar mi nombre, oír a las personas decir: "No hay nadie que cante como ella". Y me convencí de que no había nada de malo con mis sueños. Así que razonaba de esta manera: El mundo hace mucho dinero, pues está bien, yo también puedo tener mucho dinero. Pero, por supuesto, yo puedo ser diferente a las otras personas famosas. Después de todo, soy cristiana. Amo al Señor. Amo a mi esposo, a mi familia y a la iglesia. Le daría mucho dinero a las misiones. ¿Qué hay de malo con eso?

»En 1984 salió el álbum a la venta. Se vendieron diez copias, seis a mi mamá y cuatro para mí. Pero seguí intentándolo, seguía visitando a nuevos productores. Gasté mi dinero haciendo los demos que me iban a ser rica y famosa.

»Entonces, en 1988, el pastor Cymbala me invitó a viajar a la Argentina para ministrar en una conferencia pequeña de pastores. Un día cantamos en una iglesia local que estaba repleta de personas. Ni siquiera puedo decirte durante cuánto tiempo esas personas permanecieron de pie escuchando, adorando y amando al Señor. Esa simple devoción me impresionó tanto que supe que en mi vida faltaba algo. De repente me acordé de lo que Jesús le señaló a los fariseos y reconocí que a mí también me estaba hablando. "Este pueblo me honra con sus labios, pero su corazón está lejos de mí".

»Durante dieciséis años yo había seguido una manera de vivir que Dios no había escogido para mí. Había empleado tanto tiempo, tanto dinero, tanta energía. Una y otra vez yo había repetido que amaba al Señor cuando lo que realmente amaba era lograr mis sueños para mi vida. Quisiera explicarte la tristeza que sentí en ese momento. Pero, luego de reconocer lo deshonesta que había sido mi corazón al principio solo me sentí muy avergonzada y abochornada.

»Tan pronto como regresé a los Estados Unidos le dije a mi esposo que no volvería a seguir una carrera secular. También le dije al pastor Cymbala que yo quería usar mi voz solamente para cantarle al Señor. En vez de criticarme por los deseos insensatos que tuve durante tanto tiempo y por no confiar en él, Cymbala arregló una pequeña audición haciendo que viniera una compañía de grabación cristiana muy importante a escucharme cantar en el Taber-náculo de Brooklyn. Aunque estas personas fueron muy amables, la compañía de grabación me escribió después, y en síntesis la carta decía esto: "No nos llames. Nosotros te llamaremos".

»Cuando recibí esa carta me sentí tan frustrada y alterada. No entendía qué pasaba, o dejaba de pasar. Después de todo, yo había hecho el gran sacrificio. Dejar mi carrera soñada, reconocer que mis talentos le pertenecían a Dios. ¿Por qué Él no les estaba dando un buen uso?

»Entonces comencé a darme cuenta que todavía Dios estaba tratando de llegar a mí. Parecía que me estaba diciendo: "Dámaris, tú piensas que has cambiado solo porque comenzaste a cantar una letra diferente. Pero yo te conozco, y conozco tus motivos. Todavía quieres asirte a ese micrófono. Yo quiero que vengas a un lugar donde realmente no importa si cantas o no. Quiero que seas capaz de decir que yo soy suficiente para ti sin que nada más importe". A Dios no le importaba que ahora yo cantara "Maravillosa Gracia" en vez de "Oh, baby, por qué me dejaste". Él estaba buscando un cambio más profundo en mí.

»Pero no podía decir con honestidad que Dios fuera suficiente para mí. De manera que le dije la verdad y le rogué que me ayudara. "No, Señor, tú no eres suficiente para mí. No puedo fingir, no puedo mentirte. Pero tú tienes que ser suficiente para mí, así que tendrás que tomar mi corazón enfermo y cambiarlo". Esta ha sido mi oración constante.

»Quisiera decir que ya no tengo más ego, pero no es verdad. Sé que todos los días debo ir a Dios y pedirle su gracia. Por eso es que Jesús dijo: "Si alguien quiere ser mi discípulo, tiene que negarse a sí mismo, tomar su cruz y seguirme". Mi ego tiene que clavarse en la cruz diariamente. ¡Pero ahora siento tanto gozo cuando me rindo al Espíritu! La verdad es que tengo más gozo cuando canto en alguna iglesia pequeña donde hay unas sesenta o setenta personas que cuando canto canciones pop en el *Madison Square Garden*.

> *Pero no podía decir con honestidad que Dios fuera suficiente para mí. De manera que le dije la verdad y le rogué que me ayudara. «No, Señor, tú no eres suficiente para mí. No puedo fingir, no puedo mentirte. Pero tú tienes que ser suficiente para mí, así que tendrás que tomar mi corazón enfermo y cambiarlo».*

Pero unos años antes no podía decir esto. Nada puede explicar el cambio que sucedió dentro de mí, sino Dios y su gracia.

»Recuerdo ese día del año 1984 cuando estaba en las oficinas principales de CBS, poco antes de que saliera al mercado mi gran disco. La compañía de grabación había reunido a un grupo de disc jockeys clave para que conocieran a Dámaris Carbaugh, la que pronto sería una estrella. Ese día sentí una emoción, un éxtasis, pensando que mi carrera ya estaba por iniciarse. Pero ahora, según lo recuerdo, no siento emoción alguna. Por el contrario, siento un escalofrío, bajándome por la columna vertebral. Porque esto me recuerda lo lejos que yo estaba de mi Dios. El éxtasis que sentía al pensar que me convertiría en rica y famosa ahora me avergüenza aun más que si hubiera sido una adicta a las drogas a punto de recibir un nuevo suministro de drogas. La mayoría de los alcohólicos y los drogadictos que yo conocía desarrollaron su problema porque trataban de cubrir algún dolor profundo, pero yo no tenía dolor, ni traumas, ni excusas. Mi infancia no pudo ser mejor. No, lo que yo sufría era lo mismo que sacó a Satanás del cielo. Yo quería la gloria que le pertenece solo a Dios. Estaba hinchada y llena de orgullo.

»No era que simplemente necesitara un cambio de carrera, como por ejemplo cambiar una decoración interior a una arquitectura porque de esa manera sería más placentera para Dios. Yo estaba siguiendo un plan ingeniado por mí misma para mi vida, sin considerar si estaba de acuerdo o no con la voluntad de Dios. Comencé a ver cuán horrible es seguir una vida apartada de la voluntad de Dios. Cuando por fin renuncié a mis sueños de convertirme en rica y famosa, pensé que había hecho el mejor de los sacrificios. Me disgusté porque el contrato del disco cristiano no se realizó. Sin embargo, Dios tuvo misericordia de mí, aunque hablé tonterías y formé tanto alboroto con mi pequeño sacrificio. Porque honestamente, ¿qué sacrificio hemos hecho? ¿Qué hemos dejado atrás? Jesucristo dejó su trono, dejó su gloria, lo dejó todo para morir en la cruz y salvarnos. Nosotros no hemos dejado nada.

»Estoy muy agradecida de la paciencia que Dios ha tenido conmigo. Aprecio mucho la manera en que usó al pastor Cymbala y a Carol en mi vida. La verdad es que ellos siempre me hicieron ver lo maravilloso que es Dios para mí. Si dos personas te pueden hacer sentir celos por Dios, ellos lo están haciendo correctamente. Y eso es lo que yo quiero, más de Dios y menos de mí».

El éxtasis que sentía al pensar que me convertiría en rica y famosa ahora me avergüenza aun más que si hubiera sido una adicta a las drogas a punto de recibir un nuevo suministro de drogas.

Dámaris Carbaugh es una amiga querida que verdaderamente rindió su vida a Jesús. Dios la está usando de maneras increíbles porque ella le dijo sí. Ojalá que su historia sirva como un recordatorio de cómo los planes de Dios siempre exceden los nuestros mucho más.

LA CANCIÓN DEL REDIMIDO

New York es el mejor lugar sobre la tierra o el más descabellado, dependiendo de tu punto de vista. Yo me enamoré de la cuidad desde que era una niña, aunque los demás miembros de mi familia nunca se adaptaron tan bien como yo. Ahora me parece que Dios puso en mi corazón el amor que siento por la ciudad porque sabía que más adelante lo necesitaría.

Aunque la ames o la odies, hay que admitir que esta ciudad nunca es aburrida. Al caminar por las calles veo todos los colores de las personas que Dios ha hecho en el mundo. Puedo oler las comidas tailandesas, las comidas tradicionales de los negros americanos, el arte culinario francés y todas las demás. Los sabores de la ciudad son tan variados como las personas que llaman a esta ciudad su casa.

Debido a que nuestra ciudad es el hogar de personas procedentes de todas partes del mundo, es imposible tener una iglesia limitada a solo un grupo étnico, esto es si se toma en serio hacer la obra de Dios a su manera. Los neoyorquinos son buenos para descubrir a los fingidos. Saben si una iglesia es hipócrita al predicar que Dios es amor y no abrir sus puertas a todo el vecindario.

La iglesia nunca se creó para acomodar solo a unos pocos y abandonar a todos los demás. Ministrar en una ciudad como la nuestra brinda una oportunidad única de mostrar al mundo lo que Dios pretende para la iglesia. Su amor revelado en tantas clases de personas brinda un poderoso contraste a la constante tensión racial que vemos a nuestro alrededor. En lugar de la actitud áspera y abrasiva que prevalece en la ciudad, las personas en nuestra iglesia han encontrado la manera de amarse unos a otros sin tomar en consideración su color o antecedentes culturales.

Sé que esto es cierto porque lo veo a diario y porque soy una mujer blanca en una iglesia étnicamente diversa, a quien aman a pesar del color de mi piel. La verdad es que la raza nunca ha sido un asunto de importancia en nuestra iglesia. Por la gracia de Dios, no permitiremos que se convierta en uno. Aunque soy caucásica, mis experiencias culturales son una mezcla de influencias de varias naciones alrededor del mundo incluyendo la clase media americana.

MUNDOS MÁS ALLÁ DEL MÍO

Desde que yo tenía cinco años de edad ya sabía que había otros mundos más allá del mío. El año antes de que nuestra familia se mudara a Brooklyn, mi padre renunció a su pastorado en Chicago y se convirtió en un predicador itinerante. Mientras que mi hermano mayor y mi hermana pasaron un año viviendo con mi abuela en Kansas, donde iban a la escuela, yo iba felizmente sentada en medio de mis padres en el asiento del frente de nuestro carro, mirando los paisajes que pasábamos. La mayoría de las iglesias que visitamos ese año eran pequeñas, llenas de personas que sabían cómo hacer que uno se sintiera en casa. Aunque nunca pasábamos mucho tiempo en un lugar, nos sentíamos como parte de una extensa familia que amaba a Dios y no tenía temor de demostrarlo. Recuerdo que una vez acampamos en un campo de Arkansas durante todo un día de canto, presentando a varios grupos de música gospel. Todos se sentaron alrededor de sus carpas y disfrutaron la compañía durante un caluroso día de verano. También recuerdo todos los pequeños coros que se fueron entretejiendo dentro de las iglesias que nosotros visitamos.

Mi padre, que influenció grandemente mi cosmovisión, nunca fue un hombre con mente estrecha o sectaria. Su perspectiva del Reino de Dios era demasiado grande como para limitarla a un concepto de iglesia. Amaba el mundo y lo demostraba con la vida que vivía, viajó de un lado a otro de América para predicar el evangelio y después abrió a todo lo ancho las puertas de su propia iglesia para personas de todos los colores y además hizo incontables viajes misioneros al exterior. Durante los últimos años de su vida pasó la mayor parte del tiempo viajando, hizo más de 200 viajes al exterior a lugares alrededor del globo terráqueo. A veces traía a la casa grabaciones de los servicios congregacionales de los países que visitaba. Oímos música de Ghana y de Kenia como también la maravillosa música de Brasil. La intensidad y exclusividad de aquellas sencillas canciones dejaron una impresión indeleble en mi oído musical y en mi corazón. De igual manera me influenció la variedad de estilos musicales a la que yo estaba expuesta en New York.

Así que nunca se me ocurrió pensar que la casa de Dios debía ser un lugar exclusivo. Esperaba que se llenara con todo tipo de personas imaginables. No era solo una filosofía que mi padre nos impartiera sino una realidad práctica que me rodea diariamente. Es por eso que es tan difícil catalogar el coro. No somos un coro gospel de negros. No somos un coro tradicional. Tenemos sonido propio; una combinación que viene de muchas culturas diferentes. Nuestro amigo Morris Chapman lo dice de esta manera: «El coro tiene una mezcla de culturas tan tremenda que no se puede diferenciar si es un sonido de negros o un sonido de blancos. Es un sonido transcultural que es difícil de definir».

SABOR A GLORIA

David Ruffin, cuya historia se narra en el libro de mi esposo *Fuego vivo, viento fresco,* nos dice que un Domingo de Pascua, hace una década, la música a él le supo a gloria.

❦

«Yo era un borracho que vivía en un camión abandonado. Hacía años que vivía en la calle y creo que tuve suerte, porque todavía estoy vivo. Una mañana, sentado en el pórtico de atrás de la iglesia terminando una botella de vino, escuché un sonido como nunca antes había escuchado. Venía de adentro, escuchaba cantos y aplausos, y aunque no recuerdo el nombre de la canción me pareció que Dios me estaba llamando. Era como si me estuviera diciendo que tal vez esta sería la última oportunidad que tendría de entrar a su casa. Entré a la iglesia, aunque temía que me rechazaran porque yo era una piltrafa humana. Fue en ese momento que escuché a una mujer contar cómo Dios resolvió su problema con las drogas. Todo lo que dijo era exactamente lo que yo necesitaba oír. Necesitaba al Jesús del que ella hablaba, sin Él, sabía que moriría en las calles.

»La música que escuché ese Domingo de Pascua en 1991 ayudó a salvar mi vida. Después de eso, Dios me sostuvo, me trajo a Él y me limpió. Ahora tengo una esposa, hijos y un buen trabajo en la iglesia.

»Una de las canciones que más me afectó es la que Carol y Oliver Wells escribieron juntos. Se llama *Holy Like You* [Santo como Tú]. ¡La letra expresa tan bien lo que yo quiero que mi vida sea! Pensaba que lo único que quería era otro trago o más drogas. Ahora solo quiero ser como Jesús».

❦

La música, como la experimentó David Ruffin, se puede usar para atraernos hacia algo de una manera poderosa. Por eso es una herramienta tan importante, ya sea para el bien o para el mal, dependiendo de la fuente que la origina. A menudo las palabras y la música de una canción pueden abrir el corazón de una persona para que esta venga a ser más receptiva a la Palabra de Dios o escuchar cómo Dios obró en la vida de otra persona. He escuchado a ministros decir que es mucho más fácil predicar un sermón después que la música prepara los corazones de las personas que lo van a oír.

> *La música, como la experimentó David Ruffin, se puede usar para atraernos hacia algo de una manera poderosa. Por eso es una herramienta tan importante, ya sea para el bien o para el mal.*

Cuando el coro canta, a veces el Espíritu Santo mueve a las personas de manera que no podemos entender. De pronto comienzan a sentir paz o gozo, a pesar de que sus vidas no son nada fáciles. Los que no conocen al Señor quizás no se den cuenta de lo que les pasa. Necesitan escuchar el mensaje del evangelio para entenderlo. Por eso es que ya no hacemos conciertos al menos que Jim o cualquier otro predique o alguien cuente la historia de cómo el poder de Dios cambió su vida. Es como trabajar mucho preparando la tierra del jardín y luego olvidarse de sembrar la semilla.

Una de las canciones que el coro ha cantado durante años se llama *Favorite Song of All* [La canción favorita de todos]. Creo que el coro de esta hermosa canción expresa la razón por la cual las personas en nuestra iglesia se aman recíprocamente a pesar de sus diferencias culturales y raciales:

> Pero Su canción favorita
> Es la canción del redimido.
> Cuando los perdidos pecadores salen limpios

> Levantan sus voces muy alto y fuerte,
> Cuando los comprados por su sangre
> Le elevan una canción de amor,
> Lo que Él prefiere oír
> Nada es tan placentero a su oído
> Como Su canción favorita.

Cada uno de nosotros en el coro y en la iglesia pertenece a Dios por lo que Cristo ha hecho en nuestras vidas. ¿Por qué otra razón estaríamos allí? En realidad, nunca nos hubiésemos conocido si no hubiese sido por Jesús.

Además de todas las culturas y costumbres diferentes que se reúnen en la iglesia, tenemos personas que han vivido en circunstancias muy diferentes a las nuestras. Algunas de sus historias han sido tan desconsoladoras que Jim y yo solo podemos maravillarnos de la manera en que Dios ha obrado para restaurar sus vidas.

«ALGUIEN QUE ME MANTENGA»

Muchos americanos sienten presión y ansiedad con respecto a sus vidas. Algunas veces pensamos que es muy difícil. Pero la mayoría de nosotros no tenemos ni la menor idea de lo afortunados que somos hasta que oímos la historia de lo que ha sufrido otra persona. Entonces nos damos cuenta de que hay millones de personas que en un segundo se dispondrían a cambiarse por nosotros, si solo tuvieran esa oportunidad.

Casi tres años después de casarnos, Jim y yo aceptamos una invitación para la cena de Acción de Gracias de una miembro de nuestra iglesia que vive en Newark. Jean Freeman era una madre soltera que estaba criando a cinco pequeñitos. Ella formó parte del primer corito que con tanto temor yo invité a practicar una canción en mi casa. En ese entonces no sabía que más adelante Jean se convertiría en parte de nuestra familia. Ella y sus hijos vivían en un vecindario de personas de bajos recursos, muchos de los cuales tenían ayuda de asistencia pública igual que ella.

Era fácil notar lo limpio que mantenían su apartamento escasamente amueblado, pero más notoria aun era la atmósfera. Tan pronto como entramos por la puerta nos sentimos inundados de paz y amor. Los niños de Jean estaban impecablemente vestidos, cuando nos sentamos para disfrutar la comida que tan generosamente ella nos preparó. En ese entonces yo sabía muy poco de ella, pero lo que supe después me dejó maravillada. Una mujer bajita, de suave hablar, Jean parece tener unos cuarenta y tantos años en lugar de los sesenta que tiene, y sin embargo, es algo sorprendente al considerar la clase de vida que ha vivido.

❧

«Hasta donde recuerdo, solo quería que alguien me abrazara. Supe que mi madre me amaba pero ella no decía mucho, vi a mi padre una sola vez, el día que vino a mi casa siendo yo pequeña. Recuerdo que lo vi a través de la ventana, pero no puedo recordar cómo era su cara. Nunca me tocó, nunca me cargó, nunca me llamó por teléfono ni me envío una tarjeta de cumpleaños. Murió cuando yo tenía ocho años.

»Cuando yo solo tenía cinco años, mi mamá consiguió un trabajo en el cual tenía que quedarse a dormir pero no podía llevarnos a mi hermana mayor y a mí. Así que tuvimos que mudarnos de casa en casa, y quedarnos con cualquiera que nos pudiera cuidar por un rato.

»El mejor hogar que tuve fue con mi abuela, quien nos amaba y nos cuidaba. Me acuerdo que nos bañaba y nos lavaba la espalda. Que alguien me tocara me hacía sentir tan bien que quería permanecer en la bañera para siempre. Nunca supe por qué no pudimos quedarnos con ella.

»Por fin terminamos en una casa de cuidados de niños abandonados, y mi hermana y yo vivimos en casi todas las calles de Asbury Park, New Jersey. Seis meses aquí, un año allá. No teníamos un lugar fijo, nadie que nos abrazara y nos dijera qué buenas niñas éramos. Nadie que nos mantuviera limpias o nos obligara a hacer nuestras tareas de la escuela. Solas tuvimos que aprender de todo. Tan pronto como aprendí a escribir, me firmé mis tarjetas de calificaciones falsificando la firma de mi mamá.

»Cuando tenía trece años de edad, mi mamá se volvió a casar y mi hermana y yo nos mudamos con ella y su nuevo esposo. Creímos que tendríamos una nueva oportunidad en la vida. Pero se convirtió en una pesadilla porque mi padrastro era un alcohólico que nunca trabajó. Recuerdo que la mayoría de las veces yo iba a la escuela con hambre porque no había desayunado. En las casas donde nos cuidaron por lo menos teníamos suficiente comida. Ahora la única comida segura del día era el almuerzo, que era un sandwich de queso crema y mermelada que nos daban en la escuela. No era fácil regresar de la escuela y ver a mi padrastro sentado en la mesa de la cocina con la boca atiborrada de comida. Aunque yo recibía una cantidad de dinero mensual, que me asignó el seguro social después de la muerte de mi padre, nunca vi un centavo de eso. No importaba si necesitaba zapatos nuevos o si mi ropa estaba gastada. El dinero se usaba para comer. Con mi madre, mi padrastro, sus tres hijos, mi hermana y yo, nunca había suficiente dinero para las demás cosas.

»Recuerdo mis catorce años por muchas razones equivocadas que sucedieron. Un día, regresé de la escuela y encontré que todas nuestras cosas estaban empacadas.

«¿Adónde vamos?», pregunté.

«No sé». Fue la respuesta de mi madre.

»Mi padrastro no había pagado la renta de la casa, así que nos habían desalojado. Recuerdo que pusieron todas nuestras cosas en un pequeño camión. Me senté muy derecha y con mucho miedo, preguntándome qué sería lo próximo que nos pasaría. Era el mes de marzo, pero mi corazón estaba más frío que el aire de afuera.

»Para ese entonces ya estaba finalizando el octavo grado. No me enorgullecía tener catorce años y todavía estar en el octavo grado, pero por lo menos esperaba graduarme en mayo, especialmente porque las muchachas se vestían con hermosos vestidos blancos. Pero ahora no habría graduación para mí porque nos íbamos del distrito.

»Después de un tiempo mi padrastro nos mudó a New York. Pero allí las cosas no mejoraron. Cuando yo regresaba de la escuela, tenía que lavar los pañales y ayudar a mantener limpio a los tres niños y llevarlos a caminar para respirar un poco de aire fresco. Poco después mi madre volvió a salir embarazada, y esta vez eran gemelos.

»Poco antes de que nacieran fui a visitar a una de mis tías durante el verano. Cuando decidí que no soportaba la idea de regresar a mi casa, ella me encontró un trabajo donde podría quedarme a vivir. Aunque solo ganaba siete dólares a la semana, por lo memos vivía con personas que eran amables conmigo. Y por primera vez en mucho tiempo tuve suficiente comida.

»Ya tenía veinte años y me di cuenta que todos se estaban casando menos yo. Me sentía tan sola que cometí el error de enamorarme del primer muchacho que me mostró un poco de interés. No sabía lo que ese error me costaría durante los próximos años. Mi esposo no tomaba mucho ni tomaba drogas, pero se gozaba pegándome solo para sentirse grande. Tuvimos cuatro hijos, y cada vez que iba al hospital para tener otro bebé, llegaba toda golpeada con morados en mi cuerpo, pero tenía mucho miedo de hacer algo al respecto.

»En esa época vivíamos en un vecindario para familias de bajos recursos donde él tenía un romance con otra mujer que vivía en el mismo vecindario. Yo no lo sabía, pero luego me di cuenta que él había dejado de pagar la renta para sacarme de la casa a mí y a mis hijos.

»Después que nos desalojaron, los niños y yo nos mudamos a un apartamento lleno de ratas, eso era todo lo que yo podía pagar. Nunca olvidaré cuando iba caminando por la sala hacia la cocina y una de las ratas comenzó a perseguirme, al principio pensé que quería jugar conmigo. Nunca antes había estado rodeada de ratas y no sabía que me estaban atacando. La situación era tan grave que dormía con los zapatos en la cama para tirárselos en caso de que trataran de acercárseme y subirse a la cama.

»Una vez senté a todos los niños sobre el sofá y les advertí: "No se muevan de aquí, mantenga sus pies arriba. No se bajen", esto era mientras yo corría a lavar la ropa. Los mayores vigilaban a los más pequeño y yo oraba pidiendo que las ratas los dejaran tranquilos.

»Por último, unos parientes nos sacaron de ese lugar y nos mudamos al East Orange, New Jersey. Allí fue que cometí otro error involucrándome con un hombre casado, y enseguida quedé embarazada de mi quinto hijo.

»Aunque no conocía mucho acerca de Dios, sí sabía que mi abuela creía en Él y ella había orado por mi hermana y por mí. También habíamos vivido en la casa de un pastor cuando estuvimos en las casas de cuidados de niños abandonados. Me acuerdo que la esposa del pastor oraba con nosotras al frente de la iglesia. Ahora reconozco que yo experimenté a Dios cuando ella oraba. Pero en ese momento me sentía tan rara que enseguida salía corriendo hacia la parte de atrás de la iglesia y allí me quedaba de pie sin poder responder.

»Un día, vino una mujer del Tabernáculo Evangélico de Newark, tocó a la puerta y habló de Jesús. Pensé que sería bueno que los niños fueran a la iglesia así que comencé a enviarlos. Pero yo no iba.

»La mujer volvió a los pocos días preguntando por mí. "¿Jean, estás aquí? Ven, vamos a hablar" y subió las escaleras. Era una mujer muy grande, y yo creía que era muy gorda para poder subir las escaleras hasta mi apartamento en el tercer piso, así que me hice la que no oía. Pero de todas formas llegó agotada y jadeante y tan pronto que pasó por la puerta del apartamento fue directa al punto:

—Jean, ¿vas a ir a la iglesia?

—No, no me siento bien.

—Tienes que dejar de jugar y arreglarte con el Señor —me dijo.

»No sé por qué, pero comencé a llorar. Parecía que Dios quería alcanzarme.

»Así que comencé a ir a la iglesia, y enseguida mi novio notó el cambio. "Será mejor que dejes de ir a esa iglesia. Alguien está desordenando tu cabeza", me advirtió como si yo estuviera en algún tipo de peligro mortal.

»Inmediatamente me di cuenta que sería mejor dejar de verlo. Lo que estábamos haciendo no estaba bien. Después de eso él intentó convencerme para que volviéramos, pero yo le dije que había encontrado mi verdadero amor y ese era Jesús.

»De manera que continué asistiendo a la iglesia y fue allí donde conocí a Carol y al pastor Cymbala. Yo fui parte del primer coro de Carol. Enseguida supe que ellos eran unas personas muy agradables. Y el pastor Hutchins, el padre de Carol, era la persona más amorosa que yo había conocido. Si hubiera podido escoger a un padre, lo habría escogido a él.

»El Señor me atrajo tan fuertemente que yo podía estar en oración todo el tiempo. Se convirtió en un amigo tal para mí que me quitó el temor y me dio paz. En las cruzadas de Billy Graham cantan una de mis canciones favoritas: "Sus ojos están sobre el Gorrión", porque así es Dios para mí. Cada vez que escucho esta canción, recuerdo que no necesito estar triste porque Él está conmigo, amándome y protegiéndome.

»Gradualmente mi vida comenzó a enderezarse. Hasta pude obtener mi diploma de secundaria aunque ya tenía más de treinta años de edad. Cuando la familia Cymbala se mudó a la iglesia en Brooklyn, yo me fui con ellos.

»Aunque conozco al Señor, he tenido momentos muy difíciles. Un día, poco después que nos mudamos a Brooklyn, perdí a unos de mis hijos en las calles. Lo balearon en las afueras de un cine. Un domingo el pastor Cymbala me sacó del coro para decirme que Eric había muerto. Perder a un hijo de esa manera, es muy duro.

¿Dónde se puede encontrar consuelo? ¿Cómo encontrar paz? Pero creo que Dios sabía todo con respecto a Eric, con respecto a sus debilidades, con respecto a cada cosa que él había pasado. Recuerdo que poco antes de su muerte lo vi sentado en el piso de su cuarto escuchando un disco del coro una y otra vez. Las canciones se referían a la salvación, al amor de Dios. Creo que para ese entonces Dios lo había cautivado, a pesar de sus problemas.

»Otro de mis hijos se fue del hogar hace diez años y no lo he vuelto a ver. Oro pidiéndole a Dios que se encuentre vivo y que de algún modo llegue a él.

»Muchas personas podrían ver mi vida y decir: ¿Cómo es posible que creas en Dios después de todo lo que has pasado? Pero Dios es el mejor amigo que yo he tenido. Me amó cuando nadie más me amaba. Vino y me enderezó emocionalmente. Me ha ayudado a cuidar a otras personas, incluso a los que más me han molestado. Ahora oro por ellos en vez de criticarlos.

»Me alegra tanto estar en el coro, porque cuando cantamos no son solo palabras. No vamos a pararnos para cantar alguna canción que te haga sentir bien. El coro me ha ayudado a no sentirme tan sola, porque no estoy concentrada en mi misma ni en mis problemas sino en como puedo amar a Dios y servir a otros.

»Hace poco tropecé con dos secuaces en un ómnibus. Uno de ellos iba agarrado de una correa, recostado directamente sobre mí. No tenía dientes y su aliento apestaba. Aunque soy una mujer pequeña, aquellos dos muchachos no me asustaron. Al contrario, comencé a hablarles del Señor. Después de bajarme del ómnibus me pregunté qué vino sobre mí. ¿De dónde saqué esa audacia? Yo sé que Dios aún está trabajando en mí, haciendo que me interese más en otras

> *Muchas personas podrían ver mi vida y decir: ¿Cómo es posible que creas en Dios después de todo lo que has pasado? Pero Dios es el mejor amigo que yo he tenido.*

personas que en mí misma. Ahora amo a las personas que antes temía. Cuando Dios hace estas cosas, tú no puedes hacer nada excepto creer en Él, entonces sabes que Él es real».

Jean ha vivido una vida llena de pérdidas desgarradoras. Creo
que es difícil imaginar la soledad de una infancia como la de ella y
la brutalidad que sufrió en su matrimonio. Ha sufrido mucho más
de lo que nos cuenta en estas páginas, pero Jean no se queja. No se
tiene lástima, no deja que las dificultades de la vida le impidan
creer en Jesús. Sabe demasiado de Él como para hacer eso. Al contrario, canta la canción del redimido junto con David Ruffin, con
Josh y Marleen Carroll, con Pam Pettway, y yo, y muchos otros
que conocen el amor y el poder de Jesús. El color de nuestra piel
no es lo que nos une, ni la similitud de nuestro pasado sino la experiencia que todos tenemos en común, tener un Salvador que nos
ama. Eso es lo que nos mantiene en marcha, eso es lo que nos une
y nos hace lo que somos: el cuerpo de Cristo.

OCHO

EL CAMINO MÁS EXCELENTE

Hace seis años mi padre sufrió un ataque al corazón. Tan pronto como supimos la noticia, Jim y yo nos fuimos para la Florida esperando llegar antes de que su condición empeorara. Cuando entramos al cuarto, vi a un hombre cuya vida estaba menguando. Papá estaba conectado a varias máquinas con tubos que salían por todas partes. No nos recibió con un abrazo amigable, ni tampoco se dio cuenta de las lágrimas que por él derramaba toda la familia reunida alrededor de su cama. Estuvo inconsciente todo el tiempo que estuvimos allí. Jim y yo nos pasamos una semana viendo y esperando con él hasta el día en que murió. En medio de las lágrimas teníamos un sentido tan fuerte del amor de mi padre, como si él nos estuviera predicando desde su cama en el hospital.

Era un sermón sin palabras porque no se necesitaban. Su vida lo decía todo. Mientras que Jim, yo y otros miembros de nuestra familia recordábamos su vida parados al lado de la cama, lo que recordábamos acerca de papá no radicaba en los muchos sermones que predicó, las iglesias que sirvió ni los viajes misioneros que hizo. Lo que más recordábamos era su amor. Y esto es lo que aún recordamos.

Si al final de tu vida los que te conocieron fueran a definirte por una sola cosa, ¿cuál sería? ¿Cuál es la impresión que estás dejando en el mundo? Si estás pensando seguir a Dios y meditar en Él por cada cosa que haces, la cualidad sobresaliente de tu vida deberá ser el amor. La Biblia nos dice que Dios es amor. Es increíble que un Dios tan maravilloso permita definirse con una sola palabra, pero parece que esa palabra es suficiente. Sin embargo, ¿es este el énfasis de nuestro caminar cristiano hoy? ¿Nos satisface perseguir esta virtud por encima de todas las demás? Hay un gran mandamiento en la Biblia. No es un mandamiento tener una iglesia grande, ni un gran coro ni tampoco un ministerio de predicación exitoso. Dios nos manda a amar.

Mostrar amor no siempre es glamoroso ni nos puede traer reconocimiento y es por eso que a menudo no se aprecia su valor. No obstante, si el amor no es la fuente de cualquier cosa que hagamos, los resultados no le agradarán a Dios. En 1 Corintios 13, Pablo dice: «¡Ahora les voy a mostrar un camino más excelente! Si hablo en lenguas humanas y angelicales, pero no tengo amor, no soy más que un metal que resuena o un platillo que hace ruido. Si tengo el don de profecía y entiendo todos los misterios y poseo todo conocimiento, y si tengo una fe que logra trasladar montañas, pero me falta el amor, no soy nada. Si reparto entre los pobres todo lo que poseo, y si entrego mi cuerpo para que lo consuman las llamas, pero no tengo amor, nada gano con eso».

Francamente, como nos dice Pablo, el amor es el camino más excelente. Es el gran patrón por el cual Dios evaluará nuestras vidas según el juicio de Cristo. Aunque nuestros esfuerzos egoístas nos traigan la gloria que deseamos en la tierra, Dios conoce nuestros corazones y sin su amor es seguro que «nada» ganamos.

Sé por experiencia que el amor no es el camino que por naturaleza quiere tomar nuestra carne. El amor conlleva humildad y paciencia. Con frecuencia involucra sacrificar lo que queremos para el beneficio de algún otro. A veces nos deja tan vulnerables que otra persona toma ventaja de nosotros. Sin embargo, en repetidas ocasiones Jesús nos dijo que nos amáramos los unos a los otros. Es por eso que hombres y mujeres sabrán que somos sus discípulos. La iglesia es para mostrar un amor que le cause admiración al mundo. En la actualidad, ¿se evidencia esto entre nosotros? En el medio de nuestras disputas denominacionales, las divisiones raciales y las interminables divisiones de iglesias, ¿el pueblo refleja con sinceridad a Cristo?

Si al final de tu vida los que te conocieron fueran a definirte por una sola cosa, ¿cuál sería?

Imagínate que alguien te regale una antigüedad de gran valor. Imagínate que nunca antes hayas visto algo tan hermoso, hecho con tanta habilidad, tan delicado. Como reconoces el valor, lo manejas con gentileza, lo aprecias de todo corazón. Es indudable que harías todo lo posible para protegerla de cualquier daño.

Si como creyentes nos esforzamos tanto para cuidar algo que solo tiene valor monetario, entonces ¿cuánto más debemos esforzarnos para defender el cuerpo de Cristo? Después de todo, somos la iglesia de Dios, «que él adquirió con su propia sangre» (Hechos 20:28).

Los lugares del mundo se valoran con habilidades, posesiones y logros. No obstante, Dios honra lo que se hace con amor, no importa lo grande o pequeño que sea. Pero como creyentes, ¿cómo vamos a demostrar en nuestras vidas el tipo de amor para el cual Dios nos ha llamado? Es un amor que no podemos elaborar, no importa las veces que lo intentemos. El verdadero amor solo nace del Espíritu de Dios.

CUANDO EL ESPÍRITU ES CONTRISTADO

Cuando se me acercan los directores de coros buscando algún tipo de método para ayudar a sus coros a ministrar los corazones de las personas, siempre les digo lo mismo. Tú puedes formar el mejor coro del mundo, pero si el Espíritu Santo no lo unge, las canciones nunca tendrán un impacto espiritual en las personas.

Es por eso que semana tras semana le recuerdo al coro la importancia que para nosotros tiene rendirnos al Espíritu Santo. Si el Espíritu no controla nuestras vidas y ministerios, terminaremos pasando a través de las emociones sin dejar que Dios cambie el corazón de alguien cuando cantamos. Es muy importante recordar que las Escrituras dicen: «No será por la fuerza ni por ningún poder, sino por mi Espíritu —dice el SEÑOR» (Zacarías 4:6).

Pero el Espíritu Santo, que en la Biblia se compara con una paloma, nos trata con mucha gentileza. Por eso la Biblia nos advierte que no contristemos al Espíritu de Dios (Efesios 4:30). Una de las cosas que rompe el corazón de Dios es la desunión entre su pueblo. Su Espíritu se apaga tan pronto como la iglesia se infecta con pecados de chismes, peleas y actitudes divisivas. La Escritura posee una pregunta que debemos hacernos habitualmente: «¿Pueden dos caminar juntos sin antes ponerse de acuerdo?» (Amós 3:3). Muy a menudo los coros y otros ministerios de la iglesia pierden lo que Dios tiene para ellos por causa de las divisiones internas que nunca se resuelven.

Recuerdo un día, cuando todavía yo era una adolescente, en que mi padre regresó a casa después de una reunión con la directiva de la iglesia. Esta vez mi papá no se apareció en la puerta con su sonrisa característica. Al contrario, pare-

> *Cuando se me acercan los directores de coros buscando algún tipo de método para ayudar a sus coros a ministrar los corazones de las personas, siempre les digo lo mismo. Tú puedes formar el mejor coro del mundo, pero si el Espíritu Santo no lo unge, las canciones nunca tendrán un impacto espiritual en las personas.*

cía decaído y preocupado. De nuevo la directiva había estado discutiendo sobre asuntos menores. Mi padre, que tenía el más apacible de los corazones, ya no podía continuar con los dimes y divisiones, y eventualmente dejó su posición en la iglesia.

Después de ver lo que él sufrió, Jim y yo siempre hemos protegido con mucho cuidado la unidad de la iglesia por la gracia de Dios. Oramos por esto y nos esforzamos en hacerle ver a los miembros de la iglesia que no seremos capaces de servir a Dios como Él quiere que lo hagamos, a no ser que tengamos unidad. Lo mencionamos tantas veces como podemos, en las reuniones del personal administrativo, durante las entrevistas para las posiciones en la iglesia, en los servicios de los domingos, en los cultos de oraciones los martes por la noche y cada vez que se reúnen los diferentes ministerios de la iglesia. Ya que por la gracia de Dios hemos preservado nuestra unidad, estamos dispuesto a experimentar la verdad de las Escrituras que dice: «¡Cuán bueno y cuán agradable es que los hermanos convivan en armonía!» (Salmo 133:1). Sabemos que a Dios le agrada mucho que su pueblo esté unido en corazón y en espíritu.

Hace años yo escribí un coro que expresa una oración pidiendo la unidad entre todos los creyentes:

Haznos uno, Señor
Haznos uno
Santo Espíritu, haznos uno
Deja que fluya tu amor
De manera que el mundo lo sepa
Somos uno en Ti.

Luego de sintonizar las noticias nocturnas, no toma mucho tiempo reconocer la poca unidad que existe en este mundo. Pareciera que discutir, pelear y hablar mal de uno ausente es algo común, algo que se experimenta todos los días. Si esas cosas también se infiltran en la iglesia, ¿por qué alguien querrá unirse a nosotros?

¿Por qué van a creer lo que decimos acerca del amor de Dios y su poder, si ni siquiera podemos amarnos unos a otros?

Cuando Jim entrevista a los candidatos para el coro, siempre les recalca la importancia de la unidad:

«Miren», les dice, «el coro nunca es mejor que sus miembros. Tú tienes la bendición de tener el talento del canto. Pero esto no es lo más crucial cuando se refiere a pertenecer al coro. La condición de tu corazón es lo importante porque el Espíritu Santo solo llena a las personas que siguen a Dios con seriedad. El coro solo será efectivo si el Espíritu Santo lo unge.

»Qué trágica pérdida de tiempo y energía sería que a pesar de todo el trabajo duro y las oraciones del coro se contristara la bendición de Dios a causa de la enemistad o el chisme. Ser parte del coro te brinda la oportunidad increíble de tocar las vidas de las personas, pero puedes desperdiciar esto si no entiendes cómo obra el Espíritu.

»De manera que si te unes al coro, te pediremos que nunca hables negativamente de otro miembro del coro si este no está presente para dar una explicación o defenderse. Ese tipo de conducta divisiva nos forzará a tomar una acción inmediata, ya que el espíritu del chisme y las peleas son una enfermedad que se esparce por todo el cuerpo, perjudicando con rapidez la obra del ministerio. Todos nosotros, incluyéndome a mí mismo, somos personas débiles. En algunas ocasiones cometemos errores que hieren y ofenden a otros. Pero el único camino bíblico para manejar esas dificultades es dirigirnos al que te hirió y luego arreglar el asunto con la ayuda de Dios. Nunca permitiremos que se hable mal de nadie ni se calumnie porque esos pecados afectan a toda la iglesia.

»Para hacer bien la obra de Dios, debemos hacerla con todo nuestros corazones y en un espíritu de amor».

A pesar de nuestros mejores esfuerzos, a veces tendremos problemas. Cuando reconozco un problema trato de resolverlo con rapidez porque sé que si no lo confronto, eventualmente el problema me confrontará a mí. Pero para ese entonces, el problema será más grande.

Hace unos años, un líder del coro le llamó la atención a una mujer que no cumplía las reglas que se expresaban con claridad en los reglamentos del coro. En vez de quejarse, ella lo tomó como una ofensa y comenzó a acusar a su líder de estar en su contra porque ¡él era puertorriqueño y ella era negra! Luego de confirmar que ella estaba diciendo esto a otros miembros del coro, le pedimos que saliera del coro durante una temporada. Su reacción fue irse de la iglesia, nos dolió que se fuera pero tenemos que conservar el tesoro que Dios nos ha dado: «la unidad del Espíritu mediante el vínculo de la paz» (Efesios 4:3).

> *El problema que no confrontemos eventualmente nos confrontará. Pero para ese entonces, será un problema mayor.*

LA HISTORIA DE STEVEN

La paz y el amor que existen entre las personas de diferentes clases raciales quizás sean la más grande señal de nuestra unidad como seguidores de Cristo. Antes de llegar a nuestra iglesia Steven Wells, un cirujano que ejerce en el hospital universitario local, ya hacía tiempo que era cristiano. Lo invité a unirse al coro sin tener la menor idea de que una vez él llegó a odiar a personas como yo. Parecía ser un hombre que quería servir al Señor con todo su corazón.

Steven se desarrolló como un musulmán negro, practicaba una forma del Islam que mezcla el nacionalismo negro con el odio a las personas blancas. Pero gracias a la obra de Dios el veneno del odio desapareció en su vida sin dejar vestigios.

❦

«Mi madre nació en las Islas Vírgenes, pero la familia de mi padre vino de Carolina del Norte. Aunque ya habían pasado varias generaciones libres de la esclavitud, él supo del horrible trato que sufrió su familia, y vio el trato cruel que aún recibían los negros algunas veces. Poco a poco estos recuerdos le infundieron el odio por los blancos. Me convertí en un musulmán negro alimentado por este odio. Así que me desarrollé creyendo que las personas blancas eran diabólicas y crueles. Pero además crecí escuchando a mi padre hablar acerca de cómo los blancos siempre dibujaban a Jesús con cabellos rubios y ojos azules, tratando de hacerlo parecer de la raza blanca.

»Todas las noches mi papá se sentaba con mis hermanos y conmigo para hablarnos de Dios. Nos hablaba de Alá y los caminos del Islam, y la sumisión que se requiere para ser musulmán. Cinco veces al día orábamos en árabe mirando hacia la ciudad de la Meca como hacen los musulmanes. Éramos una familia muy religiosa, y yo creía en todo hasta que llegué a tener los quince años de edad.

»Cuando estaba en mi adolescencia comencé a jugar baloncesto con un muchacho que siempre me hablaba de Jesucristo. Sin embargo, el Jesús que él mencionaba no armonizaba con el que yo leía en el Corán. El Jesús que yo conocía era un profeta que palidecía en importancia en comparación al profeta Mahoma. Pero el Jesús del cual él hablaba, el Jesús de la Biblia, era un Salvador que también era Dios. Mientras más hablábamos y discutíamos acerca de nuestras diferentes versiones de Jesús, más me confundía.

»Yo era uno de los cinco hijos de la familia, el más curioso con respecto a cualquier cosa. Mis hermanos me llamaban "el inteligente" porque me encantaba leer y siempre quería saber cómo funcionaban las cosas. Ahora mi mente lógica tenía que descubrir la verdad acerca de Jesús. Así que permanecía buscando hechos y más hechos. Además de reunir hechos, comencé a percibir que Jesús realmente obra en la vida de las personas. Fue entonces que las cosas cambiaron para mí. Lo que motivaba mi investigación ya no era solo la curiosidad intelectual. Comencé a tener sed de Él. Llegué al punto en que no solo quería encontrar la verdad sino que quería aceptarlo, creer en Él y vivir por Él.

»El Jesús que llegué a conocer es humano y está cerca de mí. Vino a la tierra a buscarme, a mostrarme compasión, a mostrarme el amor de Dios. Esa perspectiva de Dios era extraña para mí porque el dios musulmán está muy lejos. No tiene un contacto real contigo en un nivel personal. Pero comencé a ver que Jesús es uno que viene y te toca, te habla y es precioso para ti. Siente lo que tú sientes y se duele con tus padecimientos. Esto fue lo que me atrajo y ganó mi corazón.

»Convertirme en un cristiano revolucionó mi vida. Entendí con claridad que Dios creó las diferentes razas y quería que todas juntas lo adoraran. Comencé a ver que cualquier clase de odio estaba en contra de Dios y me robaría la verdadera bendición de haberlo encontrado. Decidí que si yo estaba aceptando seriamente al Dios de la Biblia, tenía que aprender a amar a cualquier persona, incluso las blancas.

»Al principio esto no fue algo fácil porque iba en contra de todo lo que yo había aprendido con respecto a las diferencias entre los negros y los blancos. Pero una vez que reconocí que el amor que yo necesitaba no venía de mí, sino de Dios y que el Espíritu Santo lo derrama en mi corazón, fue mucho más fácil. Podría hacerlo mediante la gracia de Dios.

»Mi fe en Jesús creó una inmensa desavenencia entre mi padre y yo. Las cosas empeoraron a tal punto que un día llegó a decirme: "Vete de mi casa. No acepto que alguien adore al Jesús de la Biblia en un hogar musulmán. No es posible". Así fue que mi peregrinar con Dios cambió a un nivel totalmente nuevo. Ahora no solo tenía que creer que el cristianismo era intelectualmente cierto sino que tenía que confiar en Jesús para todo porque ahora no tenía dinero ni a donde vivir.

»Poco después que mi padre me echara a la calle, una familia cristiana me amparó y más adelante uno de los ancianos de la iglesia a la cual yo asistía me dio un apartamento amueblado y me dijo que no me preocupara por el alquiler. Durante esta época las palabras del Salmo 27 vinieron a ser reales para mí: "Aunque mi padre y mi madre me abandonen, el SEÑOR me recibirá en sus brazos". Desde ese momento la iglesia fue como una familia para mí.

»Sin el apoyo de mi familia, terminé la secundaria y fui a la universidad en el Bronx. Después pasé cuatro años en la escuela de medicina, todo por la gracia de Dios.

»Vine al Tabernáculo de Brooklyn después de asistir a otra iglesia durante muchos años. Sin embargo, venía con una gran congoja porque estaba pasando por el dolor de un matrimonio destrozado. La soledad, el rechazo y la necesidad del amor de Dios que yo sentía fueron los que me trajeron hasta el balcón de la iglesia. La música literalmente se elevó desde la plataforma donde canta el coro hasta el balcón para penetrar en mi corazón, tocándome y permitiéndome adorar a Dios con toda libertad. Esto fluyó en mi mente y en mi alma causando que los pedazos rotos se unieran de forma tal que yo ni siquiera podría explicar. Ahora, como miembro del coro, me siento muy privilegiado de cantar la música que me tocó con tanto poder y que servirá para alcanzar a otros.

»Después mi padre y yo nos reconciliamos. Un par de días antes de que él muriera le volví a hablar de Jesús y hablamos de la salvación. Él estaba sufriendo de cáncer en los pulmones y en el cerebro. Ese día pareció que hubo un adelanto porque las demás veces había como una pared. Pero ese día me dijo: "¿Sabes una cosa? Estoy dispuesto a creer en un Jesús diferente".

»No llegamos mucho más allá de esto, pero mi hermano me dijo que cuando él murió, lo encontró de rodillas. Esto hizo que me preguntara qué lo llevaría a arrodillarse. Creo que nunca lo sabré, pero uno cosa sí sé y es que yo le hablé del amor de Jesús y él vio los resultados en mi vida».

✻

Cuando Steven Wells recibió a Cristo en su vida, encontró un amor tan poderoso que superó el prejuicio que aprendió de niño. La gracia de Dios le ha permitido no solo tolerar a los blancos, sino amarlos como hermanos y hermanas en Cristo, hombres y mujeres creados a la imagen de Dios.

LOS MEJORES AMIGOS

Cuando vives en el amor de Dios, te das cuenta cuán insignificante realmente son las diferencias raciales. Te vuelves como los niños que aún no han aprendido a discriminar a otros. Yo era una niña cuando conocí a Jackie Smith, mi mejor amiga. Jackie y su familia comenzaron a asistir a la iglesia de mi padre, ambas teníamos nueve años de edad. Aunque éramos muy tímidas incluso para saludarnos, semanas tras semanas nos mirábamos en el pasillo hasta que nuestros padres por fin nos presentaron un domingo después del culto. Éramos dos niñas pequeñas, tímidas pero curiosas, ansiosas de tener una nueva amiga. Tal vez el mundo nos veía diferentes, pero ese pensamiento nunca cruzó por nuestras mentes. Nuestra amistad fue momentánea. A ninguna de las dos nos importaba pertenecer a diferentes clases raciales. Y sigue sin importarnos, aunque ya han pasado más de cuarenta años.

> *La música literalmente se elevó desde la plataforma donde canta el coro hasta el balcón para penetrar en mi corazón, tocándome y permitiéndome adorar a Dios con toda libertad. Esto fluyó en mi mente y en mi alma causando que los pedazos rotos se unieran de forma tal que yo ni siquiera podría explicar.*

Jackie me conoce mejor que nadie, ella ha sido mi compañera de oración, mi aliciente y nada menos que es como una hermana para mí. Siempre ha estado a mi lado, durante todos los momentos difíciles de mi vida. Sin duda alguna puedo decir que su amistad es una de las bendiciones más grandes que Dios me ha dado. ¿No sería maravilloso que todos fuéramos como niños, igual que Jackie y yo el día que nos conocimos, tan abiertos a otros sin tanto considerar las diferencias? Nuestras vidas serían mucho más ricas, tan rica como Jackie ha hecho la mía.

Jim y yo agradecemos mucho que Dios nos colocara en medio de tantas clases diferentes de personas. Es una experiencia que nos ha ampliado como personas y como ministros de Jesucristo, porque Dios nos ayuda a ver a las personas a través de sus ojos.

Por desgracia, al visitar a algunos cristianos en ocasiones hemos recibido comentarios que han sido como flechas a nuestros corazones. Su fanatismo y estrechez nos han causado una tremenda aflicción. Al mismo tiempo, una minoría entre los ministros ha dicho cosas repugnantes a los miembros de nuestra congregación, criticándolos por asistir a una iglesia donde la directora del coro y el pastor de la iglesia son blancos. El racismo no es una calle de una sola vía. No importa de dónde venga, todo esto aflige el corazón de Dios y hace que nuestra predicación y cantos con respecto a Jesús sean una simple hipocresía.

> *El racismo no es una calle de una sola vía. No importa de dónde venga, todo esto aflige el corazón de Dios y hace que nuestra predicación y cantos con respecto a Jesús sean una simple hipocresía.*

A pesar de la bendición de una familia espiritual tejida muy estrechamente, una amiga como Jackie, y un esposo que siempre me ha apoyado, debo confesar con toda honestidad que en algunos momentos nuestra unidad se ha visto amenazada por un ataque de Satanás. La vida se volvió tan difícil para mí que quería correr tan rápido y tan lejos de Brooklyn como fuera posible. Quería tomar mi equipaje, reunir a mis hijos e irme muy lejos para siempre. He estado más que lista a renunciar.

QUIERO IRME

«Jim, no podemos seguir aquí ni un minuto más. Tenemos que irnos antes de que sea demasiado tarde. Me voy y me llevaré a los niños aunque tú no vengas».

Y esto no era una broma. Estaba lista para subir al auto e irme lejos con dos de mis tres hijos. Era el año 1988 y ya no podía soportar nada más. No estaba molesta, pero sí estaba tan asustada y deprimida que difícilmente podía orar. Sentía como si el mundo se derrumbara sobre mí.

Siempre supe que nunca faltarían los desafíos en un ministerio en el interior de una ciudad. Nadie tenía que recordármelo. No, después del domingo en que sentada al órgano vi a un hombre caminar por el pasillo de la iglesia con un revólver en las manos. Jim no podía escuchar mis gritos de advertencia porque todos estaban orando. Y como tenía los ojos cerrados tampoco podía ver lo que se le acercaba.

Me paralicé, segura de que el hombre iba a dispararle a Jim y luego se voltearía para dispararme a mí también. ¿Qué pasaría con nuestros hijos, con la iglesia? ¿Así iba a terminar nuestro ministerio? Afortunadamente, el hombre dejó caer el revólver sobre el púlpito y se desplomó llorando profundamente. Dios nos protegió una vez más, pero yo estaba furiosa con los ujieres. ¿Cómo permitieron que esto sucediera? ¿Por qué no lo vieron? ¿Acaso no saben

> *Me paralicé, segura de que el hombre iba a dispararle a Jim y luego se voltearía para dispararme a mí también. ¿Qué pasaría con nuestros hijos, con la iglesia? ¿Sería así que iba a terminar nuestro ministerio?*

que en el corazón del centro de Brooklyn puede ocurrir cualquier cosa?

Sin embargo, amé la obra para la cual Dios nos llamó, aunque sabía los riesgos que tendría para Jim y para mí. Estaba más que dispuesta a enfrentar los desafíos, o así lo creía. Pero no quería correr el riesgo de que mis hijos se alejaran de Dios, mientras nosotros nos entregábamos al ministerio. Esto era más de lo que yo podía soportar.

¿PERDIMOS A NUESTRO HIJO?

Siempre me preocupó que mis tres hijos asistieran a las escuelas públicas en New York, pero no teníamos dinero para enviarlos a escuelas privadas. Para mi sorpresa, el problema no comenzó en la escuela. Comenzó en la iglesia. Exactamente debajo de nuestras narices.

Nuestra hija mayor, Chrissy, se involucró en algunas influencias poco saludables en el Tabernáculo de Brooklyn. Gradualmente comenzamos a notar cómo se endurecía su corazón hacia nosotros y hacia Dios. Dejó de ser la dulce jovencita de buena conducta que habíamos criado para convertirse en alguien que apenas conocíamos. Mi esposo cuenta la historia desde su perspectiva en su libro *Fuego vivo, viento fresco.* Desde mi perspectiva, parecía que se destruía frente a nuestros ojos. Me sentía indefensa mientras que ella giraba fuera de control.

A pesar de nuestras súplicas, Chrissy permanecía dura como una roca. Mi esposo fue quien más conversó con ella, pero sin adelantar nada. Lo intentamos todo: gritos, llantos, darle ánimo, hacerle regalos y un cambio de local. Pero no se inmutó. Eventualmente Chrissy se fue de la casa, cosa que nunca nos imaginamos que pudiera pasar. Mientras más orábamos, peor se comportaba ella. Siguió y siguió así hasta que el dolor para el corazón de una madre se convirtió en intolerable.

Un viernes por la noche, mientras el coro comenzaba a orar antes del ensayo, me sentí tan atacada por Satanás que pensé que me estaba volviendo loca. La presión era tan fuerte que hice algo inconcebible, me fui del ensayo. Entonces me dirigí a una tienda por departamentos de la localidad y durante dos horas me senté a llorar en la sección de los muebles.

Esa noche fue como si Satanás tratara de susurrarme una amenaza muy desagradable. Mantenía cautiva a Chrissy y también iba a devorar a Susan y a James, al menos que yo los sacara de New York. Yo amaba a mi esposo. Amaba al coro y el trabajo para el cual Dios nos llamó. Pero no estaba dispuesta a sacrificar a mis hijos. No sabía qué hacer.

Me sentía presionada por el peso de los dos últimos años de la rebeldía de Chrissy. ¿Sería que Jim y yo habíamos permanecido demasiado tiempo en Brooklyn? ¿Nos estábamos pidiendo demasiado de nosotros mismos creyendo que era la voluntad de Dios? De no ser así, ¿por qué perdimos a nuestra hija? Estas preguntas me daban vueltas constantemente socavando mi fe.

> *Sin embargo, amé la obra para la cual Dios nos llamó, aunque sabía los riesgos que tendría para Jim y para mí. Pero no quería correr el riesgo de que mis hijos se alejaran de Dios, mientras nosotros nos entregábamos al ministerio.*

> *Yo amaba a mi esposo. Amaba al coro y el trabajo para el cual Dios nos llamó. Pero no estaba dispuesta a sacrificar a mis hijos. No sabía qué hacer.*

Entonces decidí que tenía que hacer algo. No perdería a mis otros dos hijos igual que perdí a Chrissy.

Cuando le dije a Jim que estaba lista para hacer mi equipaje e irme con mis dos hijos, se quedó aturdido: «Carol, no nos podemos ir sin saber lo que Dios quiere que hagamos. Él nos llamó a trabajar aquí. Tenemos que esperar hasta que nos dé una dirección clara».

De alguna manera me las arreglé para resistir la tentación de huir, no sé cómo, pero fue muy difícil controlar mi ansiedad y depresión.

¿QUÉ ES LO QUE ME PASA?

Ni Jim ni yo nos habíamos dado cuenta de que yo estaba enfrentando batallas que provenían de más de un frente. De hecho, hacía tiempo que no me sentía bien de salud. Esto comenzó desde el momento en que Chrissy tuvo sus propias dificultades. Por la noche me acostaba preguntándome qué me pasaba. ¿Estaba la preocupación carcomiéndome o era otra cosa? Como no podía señalar algo en específico, hice lo posible por obviarlo. Pero un día, mientras iba para mi oficina, mi asistente, Miriam Díaz, me dijo: «Carol, te separé un turno para que veas a mi médico en Manhattan».

«¿Por qué hiciste eso?» le pregunté.

«Tú sabes que no puedes continuar así, Carol. Necesitas ver al médico».

Para complacerla amablemente, acepté ver al médico y pronto descubrí la razón por la cual me sentía tan indispuesta. Los exámenes revelaron que tenía células cancerígenas en mi cuerpo.

"Necesitamos operarla de inmediato para evitar que se dispersen", me dijo el médico. Así que programaron hacerme una histerectomía inmediata. Es probable que Miriam me salvó la vida, aunque no lo aprecié en ese momento.

La noche del domingo, antes de la cirugía del lunes por la mañana, me llevaron a un cuarto que tenía otras tres camas. Tenía miedo porque no sabía qué encontraría el cirujano cuando me abriera.

El cáncer ya se había llevado a mi abuela y a algunas de mis tías y tíos. No dejaba de pensar si yo sería la próxima.

A la tarde siguiente, mientras volvía de la anestesia, escuché la noticia: la cirugía salió bien, los médicos creen que tuvieron éxito al sacar de raíz el cáncer de mi cuerpo. Pero la noticia no me alegró como debía alegrarme. Y mientras estaba acostada en la cama, me parecía que las diferentes tormentas de repente convergían en mí: el dolor físico, un profundo sentido de desesperación y aislamiento, y el temor acerca del futuro. Batallé tratando de mantener mi cabeza por encima de las aguas agitadas.

> *Mientras estaba acostada en la cama, me parecía que las diferentes tormentas de repente convergían en mí: el dolor físico, un profundo sentido de desesperación y aislamiento, y el temor acerca del futuro. Batallé tratando de mantener mi cabeza por encima de las aguas agitadas.*

Toqué el timbre repetidamente para llamar a la enfermera, pensando que tal vez podría dormirme si ella me daba algo para aliviar el dolor. Pero no vino y esto intensificó mi angustia aun más. Nadie parecía estar dispuesto a ayudarme. Estaba acostada pero despierta, incapaz de sobrepasar la oscuridad que se había fijado sobre mí.

Entonces, alrededor de las 3:00 a.m., escuché un leve sonido al otro lado de la cortina alrededor de mi cama. De pronto, apareció una mujer al pié de mi cama con una Biblia en sus manos. Nunca antes la había visto, pero no me alarmé cuando tiernamente comenzó a frotarme mis piernas mientras oraba en español. Aunque no entendía las palabras que pronunciaba yo sabía que me estaba poniendo ante el trono de gracia. Me había sentido tan sola y ahora era como si Dios me hubiera mandado a uno de sus siervos para ayudarme y asegurarme que Él estaba cerca de mí. Con el arrullo de sus oraciones me quedé dormida.

A la mañana siguiente supe que habían asignado a esta mujer a una de las otras camas de mi cuarto. Aunque no sabía hablar ni una palabra en inglés, su hija me contó que la habían hospitalizado a causa de unas venas varicosas que le dolían tanto que apenas se podía parar. No sé cómo se las arregló para caminar hasta mi cama y a media noche pararse allí a orar. Esto fue un acto puramente del Espíritu Santo.

EL REGALO DE UNA CANCIÓN

Al día siguiente nada había cambiado, al menos por el exterior. Todavía yo tenía mucho dolor por la cirugía. Sin embargo, sentí una paz que hacía tiempo no sentía. Dios escogió a una persona completamente desconocida para asegurarme que Él estaba enterado de todo lo que yo estaba pasando. Mi visitante nocturna logró recordarme que yo no estaba sola. Fue ahí que el Señor me dio una canción especial dentro de mi alma. Las palabras del coro enseguida me vinieron mientras estaba acostada en mi cama.

> En mi angustia y dolor
> En momentos de temor
> Hay un Dios que ha sido fiel hacia mí
> Cuando en mi corazón ya no había canción,
> En su amor Él fue fiel hacia mí.
> Sus promesas seguras son,
> Lo que hallaba imposible lo ha hecho mi Dios.
>
> *Coro:*
> Él ha sido fiel hacia mí.
> Miro atrás y veo su amor por mí
> Aun cuando he dudado y me he sentido tan vil.
> Él ha sido fiel hacia mí.

Si de Él me alejé, las muchas veces que no oré,
Aun así Él fue fiel hacia mí.
Al buscar el placer, no hallaba tiempo para Él,
Mas mi Dios, Él fue fiel hacia mí.
Cada vez que regreso a Él,
Con sus brazos abiertos me recibe otra vez.

Coro:
Él ha sido fiel hacia mí.
Miro atrás y veo su amor por mí
Aun cuando he dudado y me he sentido tan vil.
Él ha sido fiel hacia mí.[1]

No tenía un piano para trabajar en la música, pero no me hizo falta. Recordé la canción hasta que me sentí lo suficientemente bien como para escribir las palabras y la música.

Aunque me dieron de alta, todavía me esperaban otras batallas. Pero ahora mi fe se había renovado. La canción que el Señor me dio se convirtió en un bálsamo para mi corazón que me fortaleció una vez más. Aunque en ese momento yo no lo sabía «Él ha sido fiel» es la canción que más impacto ha causado de todas las que he escrito, bendiciendo a las personas de un lado a otro del país y a través del mundo. Una vez alguien le dijo a mi esposo que esta canción era como un ancla que los mantenía firmes en un lugar, mientras que todo a su alrededor se deshacía. Era un canto de esperanza que nació en medio de mi dolor.

EL DOLOR DE UN PADRE

Durante este tiempo de lucha, Jim estaba tan destrozado como yo por la condición de Chrissy, pero reaccionó diferente. Al principio confió en algunos amigos cercanos, pero después de unos meses sintió que Dios quería, como dice él: «que dejara de llorar, de gritar, o de hablarle a cualquier otro de Chrissy. Yo solo debía de

---

[1] Jim Cymbala, *Fuego vivo, viento fresco,* Editorial Vida, Miami, 1998, pp. 60.

conversar con Dios». Esto también significaba mantener a Chrissy a distancia, y aunque se me rompía el corazón pensando que ellos dos no se hablaban, tenía que respetar su decisión. Un martes por la noche Jim se fue para la reunión de oración, sintiendo que el corazón todavía lo oprimía al saber que Chrissy estaba tan distante de Dios. Él nos narra lo que pasó:

❦

«Un ujier me alcanzó una nota. Una mujer joven que yo reconocía que tenía sensibilidad espiritual había escrito: *Pastor Cymbala, siento del Señor que debemos detener la reunión y orar todos por su hija.*

»No estaba muy convencido. ¿Sería correcto cambiar la corriente de la reunión y prestar atención a mi necesidad personal?

»Sin embargo, había algo en la nota que sonaba a verdad. En pocos minutos tomé un micrófono y comuniqué a la congregación lo que acababa de suceder.

—A decir verdad —les dije—, aunque no he hablado mucho del asunto, en estos días mi hija está muy alejada de Dios. Piensa que el derecho es revés y que el revés es derecho; que la oscuridad es luz y que la luz es oscuridad. Pero sé que Dios puede romper sus defensas y llegar hasta ella, de modo que voy a pedir al pastor Boekstaaf que nos dirija en oración por Chrissy"».[2]

❦

Esa noche fue como si la iglesia experimentara dolores de parto a medida que oraron pidiéndole a Dios que trajera a nuestra hija de la muerte a la vida. Cuando Jim regresó a casa después de la reunión de oración, me dijo: «Carol, se acabó».

«¿Qué se acabó?» le pregunté.

---

[2] Cymbala, Jim, *Fuego vivo, viento fresco*, Editorial Vida, Miami, 1998, pp. 61-62.

«Se acabó el asunto de Chrissy. Hubiera sido necesario que estuvieras esta noche en la reunión de oración para entenderlo. Te digo que, si hay un Dios en el cielo, toda esta pesadilla finalmente se ha acabado».

Esa noche, aunque no lo sabíamos, Chrissy tuvo una pesadilla. Se despertó muy asustada a causa de un terrible sueño. Soñó que se veía dirigiéndose hacia un hoyo sin fondo. Se sintió aterrada al reconocer que su pecado la llevaba directamente al infierno. Pero mientras soñaba esto, sintió que Dios le impedía llegar al borde y la elevaba. En medio de sus temores, Él le estaba diciendo cuánto la amaba.

El jueves por la mañana cuando abrí la puerta y la vi parada allí casi no podía creerlo. Ella se tiró de rodillas y comenzó a implorarnos perdón por la forma en que estaba viviendo. La rodeé con mis brazos y ambas nos echamos a llorar. Por fin recuperé a mi hija.

Nuestra pesadilla duró dos años. Nos parecieron los peores años de nuestra vida y yo casi pierdo la lucha temiendo por mis hijos. Pero Dios no nos abandonó. Por el contrario, nos mostró su fidelidad de un modo maravilloso. Y la vida de Chrissy comenzó de nuevo.

UN FUTURO LLENO DE ESPERANZA

Pocos meses después, mi esposo y yo nos llevamos una sorpresa cuando un colegio bíblico en el noreste de la ciudad invitó a nuestra hija de veinte años de edad a dirigir su coro y ayudar con la dirección del programa de música. Chrissy simplemente había investigado acerca de tomar algunas clases, pero el administrador del colegio sentía que Dios la había enviado a ella como una respuesta a la oración. Cuando nos preguntaron qué pensábamos de esta posibilidad, Jim les dijo que Chrissy nunca había dirigido ningún tipo de grupo de cantantes y que ella ni leía ni escribía música. Pero eso no los desanimó. Solo prometieron guardar sus libros de corales de manera que ella pudiera enseñarles a los estudiantes por medio de la memoria. Así fue como Chrissy comenzó a dirigir coros ¡exactamente como su madre!

Al poco tiempo se enamoró de un maravilloso joven llamado Al Toledo. La familia de Al emigró de Cuba, y él se crió en Brooklyn. Un prospecto para las grandes ligas de béisbol antes de que sufriera una lesión haciendo deportes en la universidad. Al se acercó al Señor mientras asistía al Tabernáculo de Brooklyn. Pronto Al y Chrissy se casaron y el Señor los llamó al ministerio. Después de servir al Señor en Rhode Island y en New Jersey, Al se convirtió en el pastor de una iglesia en Nebraska, mientras que Chrissy servía como directora del coro. Hace dos años se unieron al personal administrativo de nuestra iglesia brindándonos, a Jim y a mí, una ayuda tremenda. Ahora podemos disfrutar de nuestros tres nietos cada vez que queremos.

> *Nos parecieron los peores años de nuestra vida y yo casi pierdo la lucha temiendo por mis hijos. Pero Dios no nos abandonó.*

Durante el tiempo que Chrissy estaba pasando por su época de dificultad, a mí me preocupaba lo que pudiera pasarle a mis otros dos hijos. Cuando uno está en el ministerio se hacen ciertos sacrificios que también afectan a los hijos. Me agobiaba pensar si el diablo también se los llevaría a ellos. Aunque Jim y yo nos esforzamos para brindarles la clase de hogar que ellos necesitaban, yo sabía que cada uno de mis hijos tenía que pagar un precio por el trabajo que estábamos haciendo en la iglesia. Debido a todas las demandas que teníamos, no éramos del todo la familia típica americana. Pero Dios los salvó de peligros. Ahora Susan es madre de dos niños y una solista del coro que regularmente dirige la adoración durante los servicios de los domingos. Su esposo, Brian Pettrey, es graduado del Instituto Militar de Virginia y es un hombre con un intenso amor por Jesús.

Cuando me paro frente al coro, también tengo el placer de mirar a la sección de los tenores y ver a otro miembro de mi familia. Nadie más se esfuerza de todo corazón en el canto como mi hijo James, que ha sido dotado con una voz maravillosa. Nuestros tres hijos sirven al Señor, no solo están seguros en Él sino que viven sus vidas de manera tal que bendicen a otros. Al ver lo que Dios ha hecho para salvar a tantas personas destrozadas mediante el ministerio de la iglesia, sé que mis hijos han jugado un papel muy importante en esta historia.

Quisiera decir que la pesadilla con nuestra hija fue algo poco común, algo que nunca necesitarás enfrentar con tu familia. Pero sabes tan bien como yo, que por todo el mundo existen muchas familias que día a día experimentan luchas similares. Quizás hayas visto a tus propios hijos deslizarse un centímetro a la vez, o quizás sientas que hace años los perdiste. Si has tenido que encarar estos desafíos en tu propia familia, tu fe habrá estado bajo los mismos ataques que estuvo la mía. Aunque difícilmente yo pudiera ponerme como un ejemplo resplandeciente de cómo reaccionar cuando sucede algo así, con honestidad puedo señalar el resplandeciente ejemplo de cómo Dios fue fiel. También puedo decirte, luego de mi dolorosa experiencia, que lo peor que puedes hacer cuando tus hijos o alguien a quien amas está en problema, es empezar a dudar del poder de Dios y su deseo de salvarlos. Créeme, Él no nos ha olvidado ni tampoco olvida nuestra situación. Él ha prometido sostener nuestras manos mientras que nos afirmemos en su promesa para recuperar la propiedad preciosa que Satanás ha tratado de robar.

Si vamos a pelear, nuestra batalla solo se puede ganar a través de la oración. Debemos acercarnos mucho más a Dios, creyendo en su fidelidad. «Invócame en el día de la angustia; yo te libraré y tú me honrarás» (Salmo 50:15) —no hay palabras vacías sino una clara promesa del Todopoderoso Dios. Durante la batalla, ya sea larga o corta, ciertamente nos atacarán la confusión. Tendremos la tentación de rendirnos. Pero al igual que Dios me dio la gracia para permanecer, incluso cuando yo quería correr, Él te dará la gracia para hacer lo que sea necesario para pelear por tus hijos.

En maneras que quizás no puedas imaginar, Dios usará el mismo ataque de Satanás en la vida de tus hijos para lograr grandes cosas para su gloria. No permitas que las circunstancias te engañen. No permitas que tu fe te sacuda. El amor de Dios es tan poderoso que puede tocar cualquier corazón, hasta el corazón que más lejos esté de Él.

DIEZ

LA LUCHA POR LA PROMESA

Al principio de nuestro ministerio a menudo encontrábamos muchos baches en el camino, como si estuviéramos manejando muy rápido por un camino de tierra, a medianoche y con solo un faro delantero. No podíamos ver muy lejos y nunca sabíamos qué encontraríamos por delante. Algunas noches, mientras que yo estaba en la casa con los niños, Jim me llamaba de la iglesia para contarme acerca del último desafío.

Nunca olvidaré a Austin, un tipo muy grande que heredamos como un visitante regular cuando llegamos al Tabernáculo de Brooklyn. Un día, le hizo un comentario vulgar a una mujer de la iglesia, que dio por resultado que ella se amedrentara y el esposo se enfureciera. Jim trató de evitar una escena repugnante y se lo advirtió a Austin por teléfono. Pero Austin, una persona muy problemática, explotó y le dijo a mi esposo: «Esta noche iré allá con mis muchachos y te vamos a estrujar, predicador».

«Escucha», replicó Jim, «es muy posible que tú me puedas estrujar, pero te conozco muy bien y sé que tú no tienes muchachos que vengan contigo».

Esa noche Jim estaba dirigiendo un pequeño servicio entre semana, así que le pidió a un joven que velara la puerta por si llegaba

Austin. Y este no se hizo esperar, mientras el grupito estaba orando, Austin entró de repente con sus 113 kilos [250 libras] exigiendo ver al «predicador». Jim fue a la parte de atrás de la iglesia para tratar de calmarlo mientras que alguien llamó a la policía. Tan pronto como Austin vio a Jim comenzó a maldecirlo y amenazarlo, pero antes que pudiera hacer algo llegó la policía con sus porras en la mano. Jim no lo acusó, así que eventualmente lo soltaron pero no sin antes golpearlo detrás de sus piernas y registrarlo. Más tarde, esa misma noche, Jim recibió una llamada telefónica cuando ya se iba de la iglesia.

«Está bien, no lo hice esta noche, pero la semana que viene te agarraré», prometió Austin. Por suerte, nunca más volvió. Austin era otro de los baches en este camino tan difícil por el cual viajábamos.

Jim no me contó lo de Austin hasta después que todo terminara. Pero yo sabía que en cualquier momento podían surgir amenazas contra su vida y saberlo no era algo fácil. Sin embargo, en lugar de vivir en un estado constante de preocupación, decidí confiar en Dios, sabiendo que en última instancia Él es quien nos protege en medio de los peligros que enfrentamos.

Momentos como estos no se limitaron a los primeros años de nuestro ministerio. Hace unos años un hombre con una mirada extraña se dirigió a la plataforma al final del servicio. Sonreía mientras me dio la mano y me la apretó tan fuerte que me di cuenta que trataba de quebrarla. Cuando grité, con toda tranquilidad dio media vuelta y se fue. Después supe que él acababa de hacerle la misma maniobra a mi esposo. El hombre tenía una gran musculatura y vestía una camiseta negra muy ajustada con un letrero al frente que decía «El gimnasio de oro». Supongo que ese día decidió practicar su rutina de ejercicios en el santuario.

Una vez, mientras me despedía de mi abuela que tenía noventa y seis años, una mujer llegó corriendo hasta donde yo estaba afuera de la iglesia. Me abofeteó con todas sus fuerzas de un lado a otro de la cara hasta el punto de sacarme un arete y casi tirarme al piso.

Al parecer, la habían echado a la fuerza del edificio por otro distur-
bio en la mañana. Tan pronto como los ujieres la soltaron ella me
miró y algo le provocó otra reacción violenta. Horas después todavía yo podía ver la marca colorada del golpe en la cara.

LA PROTECCIÓN ESPIRITUAL

No tengo muchas dudas de que estos ataques son inspiraciones de-
moníacas. ¿Qué otra explicación tendrían? No obstante, la protección de Dios ha sido increíble. Luego que el enemigo ha intentado interferir de tantas formas, una mano adolorida o una cara
lastimada es todo lo que ha logrado.

Lo cierto es que cuando uno está haciendo la voluntad de Dios
y va a donde Él quiere que uno vaya, existe
un paraguas de protección sobre tu cabeza.
Pero el paraguas no te sigue, es todo lo contrario, tú debes seguir al paraguas. Cuando
los israelitas salieron de Egipto hacia la tierra prometida, no iban solos. La presencia
de Dios fue delante de ellos en el desierto en
forma de una nube. Cada vez que la nube
subía, ellos recogían sus casas de campaña y
salían. Cada vez que la nube se detenía,
ellos acampaban. Incluso al llegar por fin a
la tierra prometida, ellos no entraron para
acampar tranquilamente. No, tuvieron que
pelear para quedarse en la tierra. Pero Dios
los cuidó y les dio la victoria.

De forma similar sé que tengo que permanecer cerca de Dios y luego pelear por
las promesas que Él nos ha dado. Si estoy
haciendo su voluntad, puedo depender de
su ayuda. Pero nada más puedo tener la tierra que Dios quiere darme, al igual que los
israelitas que solo pudieron tomar la tierra

> *Lo cierto es que cuando uno está haciendo la voluntad de Dios y va a donde Él quiere que uno vaya, existe un paraguas de protección sobre tu cabeza. Pero el paraguas no te sigue, es todo lo contrario, eres tú quien lo debes seguir.*

que Dios les había prometido. Si intento hacer algo que Dios no me ha pedido que haga o si trato de cumplir sus promesas a mi manera, nunca recibiré toda la bendición que Él tiene para mi vida.

UN ATAQUE PECULIAR

Uno de los ataques espirituales más extraños que siempre recordaremos, fue el que sucedió después que Jim y yo comenzamos a servir en el Tabernáculo de Brooklyn. Estábamos viviendo en New Jersey cuando un domingo tarde en la noche recibimos una llamada de un pastor de Dakota del Sur. No estoy segura de cómo supo de la iglesia, pero nos dijo que él y su esposa habían estado orando acerca de venir a la ciudad de New York. Jim no los conocía y dijo muy poco, pero al domingo siguiente por la noche volvieron a llamar para decirnos que habían sentido que Dios los guiaba para venir a Brooklyn a ayudarnos. Jim les aseguró que no teníamos dinero para pagar otro empleado administrativo, pero les dijo que si querían venir y asistir a la iglesia durante un tiempo, tenían plena libertad de hacerlo.

Por ese tiempo todavía vivíamos en una casa en New Jersey para la que los padres de Jim nos dieron la cuota inicial. Para completar, mientras pastoreábamos ambas iglesias, yo trabajaba en una cafetería de la escuela secundaria, mientras que Jim trabajaba como entrenador. La noche en que la pareja llegó de Dakota del Sur los recibimos en nuestro hogar y les servimos la mejor cena que podíamos ofrecer, unos bistecs, frijoles verdes, puré de papas y postre. Ellos parecían ser buenas personas y tan pobres como nosotros.

Después de la cena, Jim los llevó a Brooklyn y los dejó en un pequeño apartamento de la iglesia, porque no tenían a dónde ir. Pocos días después recibimos una llamada telefónica de una mujer que vivía en un apartamento adyacente. «Pastor, ¿sabe lo que estas personas están diciendo de usted?» preguntó. «Están diciendo que usted no cuida de las personas de la iglesia y que viven comiendo grandes bistecs a costa del dinero de la iglesia, y muchas otras cosas locas. Creo que sería mejor que hablara con ellos inmediatamente».

Cuando Jim colgó el teléfono, no tenía ni la menor idea de que este era el comienzo de uno de los ataques demoníacos más extraños y más fuerte que hemos encarado, como si alguien estuviera tratando de matar la iglesia mientras todavía era joven y vulnerable. Aunque a Jim no le gusta hablar de este tema, lo recuerda muy bien.

❦

«Era un lunes por la noche cuando recibí la llamada telefónica advirtiéndome del problema en la iglesia. Al principio no le di mucha importancia, pero ocurrió algo extraño a medida que comencé a leer mi Biblia. Un tremendo espíritu de oración vino sobre mí y no podía dejar de orar. Carol estaba durmiendo arriba y después de un tiempo yo comencé a pasear alrededor de la casa orando en voz alta. Mi corazón se llenó de un sentido de tensión espiritual poco usual. Parecía como si el Espíritu Santo me estuviera preparando para algo, aunque yo no sabía qué podría ser. Esto duró horas hasta hacerme sentir que el corazón se me agitaba de forma tal que supe que no podría dormir.

»A las 2:30 a.m. finalmente decidí manejar a Brooklyn para descansar un poco antes de comenzar a trabajar en la mañana. Le dejé una nota a Carol y me fui en mi carro. Pero incluso mientras manejaba acercándome al túnel Holland, seguí orando, clamando a Dios por su gracia y poder.

»Toqué a la puerta del apartamento de la iglesia alrededor de las 9:00 a.m., y la pareja de Dakota del Sur me invitó a tomar una taza de café. Mientras estábamos hablando sentados a la mesa de la cocina, yo saqué a relucir el tema que ahora me pesaba mucho en el corazón. Los confronté con los informes que había recibido y les pedí una explicación. Lo que sucedió después fue como algo sacado de una película de horror.

»El hombre se quedó mirando fijamente a su esposa obviando mi pregunta. Entonces se sonrió y dijo: "Tal vez sea mejor que se lo digamos ahora, ¿verdad, cariño?" Mientras que en la cara de su esposa también se dibujaba una sonrisa dejando salir una risa baja y espeluznante que hizo que mi piel se erizara. Ambos se voltearon hacia mí a la vez y el hombre dijo: "Hasta aquí llegaste, ya esta no es tu iglesia. Nosotros la tomaremos, así que ¡lárgate!"

»¿Qué había pasado con la joven y agradable pareja que Carol y yo recibimos hacía solo unos días? Parecían tan tímidos y dulces. Ahora me miraban fijamente, me gruñían y me decían que dejara la iglesia de una vez. Este cambio tan repentino en sus personalidades me dejó tan confundido que por un momento me quedé sin habla. Entonces comencé a tratar de razonar con ellos, pero esto pareció enfurecerlos aun más. Se levantaron y comenzaron a dar vueltas por el cuarto.

»Yo crecí jugando baloncesto en los parques deportivos de la ciudad. Sabía dar empujones, codazos y otros movimientos rudos propios de la cancha de baloncesto. Pero esta era una pelea de otro tipo, de otra dimensión.

> *Yo crecí jugando baloncesto en los parques deportivos de la ciudad. Sabía dar empujones, codazos y otros movimientos rudos propios de la cancha de baloncesto. Pero esta era una pelea de otro tipo, de otra dimensión.*

»Era tonto tratar de razonar con ellos, pero seguí intentándolo. Decían que iban a tomar esto y aquello, y que sería mejor que yo lo aceptara. Esto se alargó durante horas, y a medida que discutíamos ellos se miraban uno al otro riéndose con unas risas bajas y espeluznantes.

»Mientras más se reían, más oraba yo pidiéndole a Dios que me mostrara qué hacer. De repente dejé de razonar con ellos y les dije: "Ya está bueno. Ahora mismo se van de este edificio o llamaré... ¡llamaré a la policía!" Yo no podía creer lo que estaba diciendo. ¡Qué situación tan insana!

»Fue entonces cuando me dijeron que una anciana les había prestado $15.000,00 dólares al pastor anterior para ayudarlo a comprar el edificio pequeño, y que ahora quería que le devolvieran todo su dinero. Ellos habían compartido sus "revelaciones espirituales" con ella, desprestigiándonos a Carol y a mí en el proceso, y ahora esta anciana iba a ir a un abogado para recuperar su préstamo.

»Eso llenó la copa. Me puse tan furioso al ver cómo socavaban la iglesia que les ordené de una vez y por toda que empacaran sus cosas y dejaran el edificio. Para entonces, el hombre ya estaba parado a unos 4,6 metros [quince pies]. De repente soltó un grito y vino corriendo hacia donde yo estaba como si fuera a pegarme. Yo solo tenía un segundo para reaccionar, pero Dios me ayudó. En lugar de seguir mi instinto natural, que hubiera sido agarrarlo y tirarlo por la ventana del segundo piso, cerré mis ojos y esperé el impacto. Nunca llegó, él se detuvo a pocas pulgadas con una mirada furiosa en su cara.

»Después de eso la pareja cambió repentinamente la táctica. Sus extrañas respuestas se sincronizaron perfectamente. Ahora no daban a vasto con amabilidades, con disculpas. ¡Estaban tan arrepentidos! ¿Podían quedarse solo una noche o dos más? ¿Podían encontrar otra manera de ayudarnos en el ministerio? Pero yo sabía que hasta un día más con estos dos traería un daño irreparable a nuestra pequeña iglesia.

»Por fin, alrededor de las 4:30 p.m., después de un día de hostilidad, se marcharon. Los observé desde la ventana del segundo piso, luchando para no llorar. Aunque yo era joven y físicamente fuerte, estaba tan exhausto que recuperarme me tomó toda una semana. Pasé la mayor parte del tiempo acostado en un sofá, como si hubiera pasado quince rondas de una pelea de peso pesado».

Este extraño enfrentamiento nos aturdió a Jim y a mí. Nos sentimos golpeados pero no derrotados, porque sabíamos que la obra que Dios había comenzado era preciosa. De lo contrario, ¿por qué el enemigo nos hacía todo esto queriéndonos destruir?

NO DEBE SORPRENDERNOS

Aunque este intento de secuestrar nuestra pequeña iglesia era el ataque más raro que habíamos enfrentado, sabíamos que la guerra espiritual venía con el territorio. Era parte del costo por hacer la obra de Dios. Yo vi este tipo de oposición con bastante frecuencia en la iglesia de mi padre. Si te propones servir a Dios, también encontrarás dificultades.

Los cristianos que pelean las batallas de Dios están muy familiarizados con las embestidas feroces y las estrategias sutiles del enemigo. Es por eso que la Biblia nos manda «fortalézcanse con el gran poder del Señor. Pónganse toda la armadura de Dios para que puedan hacer frente a las artimañas del diablo. Porque nuestra lucha no es contra seres humanos, sino contra poderes, contra autoridades, contra potestades que dominan este mundo de tinieblas, contra fuerzas espirituales malignas en las regiones celestiales» (Efesios 6:10-12). De acuerdo a la Palabra de Dios es evidente que servir a Jesús significa confrontar las fuerzas poderosas de la oscuridad espiritual, pero estas siempre se conquistarán mediante el gran poder del Espíritu Santo a medida que confiemos en Cristo.

Muchos de los ataques de Satanás son más sutiles de los que yo describí. Aunque menos obvio, pueden ser intentos efectivos para desanimarnos o desviarnos. Por ejemplo, cada vez que yo me he dispuesto a escribir nuevas canciones, determinar el ritmo o grabar al coro cantando, he tenido ataques espirituales que solo la gracia de Dios me ha ayudado a encarar. Esto me ha sucedido con cada uno de los más de veinte discos que hemos grabado.

Una vez el coro estaba grabando un álbum en vivo durante las tardes de los domingos y los servicios de la noche. Era un día muy húmedo de verano y afuera de la iglesia se estacionó un costoso camión de grabación al que se conectaban todos los micrófonos para el sonido en el santuario. El edificio estaba repleto de personas cuando de pronto alguien divisó humo cerca del techo del auditorio. Por suerte no reinó el pánico al evacuar la congregación. En pocos minutos llegaron los bomberos hacha en mano, mientras que dos mil personas esperaban afuera en dos calles diferentes. Consideré, en lo que estábamos allí parados, si debíamos dejar de grabar el disco. Si no grabábamos el álbum ese día tendríamos que hacer un gasto adicional para contratar otro camión de grabación, y no creí que pudiéramos hacer ese gasto.

A medida que los bomberos se esparcían por el edificio buscando la causa del humo, me sorprendió escuchar gente cantando alegremente afuera en la calle. Era la congregación, no el coro, y estaban cantando: *Let God Arise and His Enemies Be Scattered* [Deja que Dios se levante y sus enemigos se dispersarán]. Lo mismo estaba sucediendo en la avenida Flatbush. La gente cantaba y daban palmadas sin acompañamiento musical, pero este fue el canto más dulce que yo jamás escuché.

Mientras lo escuchaba me llené de fe. Satanás estaba tratando de interrumpir cualquier cosa que Dios intentaba hacer con este nuevo álbum. Pero nosotros no estábamos cooperando con sus planes. Y grabar el álbum ahora me entusiasmaba más que nunca.

Para alivio nuestro el edificio no se estaba quemando. Sencillamente fue un ventilador que se quemó porque el sistema estaba muy cargado. Después que los jefes de los bomberos nos dieron la autorización, todos regresaron a la iglesia y la reunión continuó como si nada hubiera pasado. Con la temperatura de 90° F en el exterior y el humo en el interior ¡el álbum se convirtió en uno de los más novedosos que jamás hemos grabado!

Ni a la congregación ni al coro le sorprendió que este pequeño problema con el ventilador sucediera ese domingo en particular. Por causa de la manera en que obra Satanás, hemos aprendido a anticipar distracciones, desánimos y desalientos cada vez que alcanzamos a otros en el nombre de Cristo. Si el apóstol Pablo pasó adversidad, flagelación y encarcelamiento por hacer la obra de Dios, sabemos que tarde o temprano nosotros también encontraremos una serie de dificultades. Estamos convencidos de que la guerra espiritual es real y que la misma sensibilidad de espíritu que nos ayuda a seguir la dirección de Dios también nos alertará de los ataques satánicos.

UN LIBRO DE LA HISTORIA DE LA GRACIA

Cuando se trata de la oposición, no hay una batalla que se pelee con más intensidad que la de nuestra alma. Al final, de eso se trata la oposición espiritual, mantenernos separados del Dios que nos ama. Algunas veces la lucha es sutil, a menudo es una guerra sin cuartel, como en el caso de una joven mujer que hace tres años pertenece al coro. Victoria Council considera que su vida es un libro de la historia de la gracia de Dios, aunque sus primeros años no se leen como un libro de cuentos. Tal parece que alguien ideó la trama con la intensión de destrozar su joven vida antes de que esta tuviera la oportunidad de comenzar.

«Mis padres se mudaron a New York en 1953. Antes de casarse vivieron trece años juntos, tal vez porque mi padre ya se había casado dos veces dejando como prueba muchos hijos en Puerto Rico. Juntos tuvieron seis hijos más, y yo era la bebé de la familia.

»Vivíamos en un apartamento en el quinto piso de un proyecto de casas cerca del *Brooklyn Navy Yard* [Base naval de Brooklyn] y ninguno de mis padres trabajaba porque mi madre tenía que permanecer en la casa para cuidar los niños y mi padre recibía un pago por incapacidad, debido a una lesión que sufrió mientras trabajaba como pintor.

»Cuando mi madre descubrió que estaba embarazada de mí, no se alegró para nada. Ella sabía que mi padre ya se sentía atrapado y encerrado, forzado a cuidar de una esposa y cinco hijos, aunque todo lo que quería era tomar y tocar su violín.

»A medida que pasaba el tiempo, la ira de mi padre llegó a tal grado que comenzó a pegarle a mi madre, como también a mis hermanos y hermanas. Mantenía una correa detrás de la puerta para pegarles con el borde de la hebilla cada vez que llegaran tarde a casa. No era de extrañarse que mis hermanos se desquitaran regresando aún más tarde, bebiendo y tomando drogas para entumecerse el dolor de crecer en un hogar como el nuestro.

»Mi madre hacía todo lo posible para defender a sus hijos aunque sus protestas significaban que él la halara por el pelo y le pegara en la cabeza con un sartén. No importaba lo que hiciera, ella vio cómo uno a uno se le escapaban sus hijos.

»Por ser la menor, vi la pesadilla desplegarse, mi padre alcohólico incapaz de controlar su ira, mi madre tan amedrentada que se convirtió en una mujer sin opinión alguna, y mis hermanos tan heridos, que se dieron a las drogas y el alcohol. Los vi inyectarse heroína y comenzar a robar para alimentar sus hábitos y después ir a la cárcel. Así que luego de ver cómo se destruían, decidí que nunca usaría drogas ni alcohol. Sin embargo, yo era una niña muy atemorizada y pensaba que de seguro perdería mi mente.

»Todos decían que yo era la hija favorita de mi padre, pero eso trajo mucha confusión a mi corazón, porque hasta una pequeña niña sabe que cuando alguien te ama, te cuida. No te golpean. Por desgracia, yo dormía en una camita en el cuarto de mis padres porque el apartamento estaba muy concurrido. Mi padre se acostumbró a enviar a mi mamá a la tienda, de manera que él y yo nos quedáramos solos. Y así comenzó el abuso sexual. Yo tenía cuatro años de edad.

»El abuso duró muchos años, lo suficiente como para deformar mi percepción del amor. Era imposible tener amigos porque ni yo misma me quería. Y en la escuela los niños se reían de mí porque al igual que mi mamá, yo ni opinaba ni me defendía.

»Créelo o no, a pesar de todo lo que sucedía en la casa, nosotros íbamos a la iglesia. Yo tomé mi primera comunión, asistí a las clases de confirmación y fui a misa todos los domingos. Sabía orar y lo hacía todas las noches, rogándole a Dios que me mantuviera segura y me ayudara con mi familia. Pero mientras más años tenía más comencé a preguntarme dónde estaba Dios en medio de todos mis problemas.

»Las cosas mejoraron cuando fui a la secundaria. Me gustaban las clases y aunque me mantenía bastante sola tuve algunos amigos. Para ese entonces todos mis hermanos se habían mudado de la casa. Nunca olvidaré el día que escuché la noticia de que tres de ellos ya habían contraído el virus del SIDA. Estaba tan triste y tan furiosa con ellos por haber destruido sus vidas. Pero estaba aun más furiosa con Dios, por ponerme en una familia que estuviera tan arruinada.

»Al poco tiempo conocí a un muchacho que adoré de todo corazón y nos mudamos a Albany. Pero era tan desperfecto como todos los demás novios que tuve. Enseguida se hizo adicto al crack. Un día me pidió, a mí que era la muchacha que nunca bebió ni usó drogas, que probara algo que parecía un cigarrillo. Vacilé, pero comencé a inhalarlo. Al poco rato comencé a alucinar y terminé en el hospital. Recuerdo preguntarme si así sería que iba a terminar, pero Dios tenía otros planes.

»A pesar de que mi vida era un desorden, todavía quería mejorar. Pero cada vez que lo intentaba, sucedía algo que echaba a perder mis planes. Sin embargo, estaba determinada a seguir adelante y hacer los arreglos necesarios para ir a la universidad. Ahora mi padre no le gustaba el clima frío, y pasaba los inviernos en Puerto Rico mientras que mi madre vivía en New York. Un invierno nos dieron la noticia de que él había caído enfermo. Pronto nos dieron más noticias. Mi padre murió, pero antes volvió a casarse en Puerto Rico, aunque seguía casado con mi madre.

»Era difícil lamentar la muerte de un hombre que causó tantos estragos en nuestra familia. Hasta muerto parecía controlar mi vida. De repente tuve que detener mis planes para ir a la universidad porque mi madre necesitaba que la ayudara a pagar las deudas y mantener la casa. Comencé a sentirme amargada, segura de que a pesar de lo mucho que lo intentara, yo nunca sería capaz de progresar.

»No me di cuenta de que las cosas estaban a punto de empeorar aun más. Me encontré con un hombre que conocí unos años antes en nuestro antiguo vecindario. Aunque acababa de salir de la cárcel, parecía haber arreglado su vida. Al poco tiempo nos mudamos a un apartamento que estaba al doblar de la esquina del Tabernáculo de Brooklyn. Pero algo no andaba del todo bien. Notaba que él siempre estaba sudado y cansado. A menudo se quedaba dormido mientras yo le estaba hablando, pero cuando le pregunté qué le pasaba me dijo que estaba trabajando mucho, y yo lo creí.

»A pesar de su extraña conducta, parecía tener una fuerte creencia en Dios, y me pareció que su fe era inspiradora, al menos al principio. Entonces fuimos a Puerto Rico a visitar a su madre, y él me llevó a visitar a una mujer que también decía amar al Señor. Tan pronto como ella me vio, tomó mi mano y trató de leer mi futuro. Mientras lo hacía, escribía cosas en un pedazo de papel y luego las colocaba en aceite. Al regresar a New York, debíamos colocar los papeles en lugares especiales. Esto me traería algún tipo de bendición.

»Cuando regresamos a la casa, descubrí que mi novio había puesto esas notas en pequeñas botellas y las escondió por todas partes: en el congelador, debajo de la cama, en todos los gabinetes. Mientras tanto, su dispositivo de llamadas sonaba a todas horas de la noche y él siempre parecía estar enfermo. Yo sabía que en todo esto había algo extraño, pero no sabía qué podía ser ni tampoco podía seguir confiando en él.

»Aunque todo era una locura, decidimos casarnos. Mi madre estaba feliz porque yo había encontrado a alguien, pero a la vez muy preocupada porque veía que nos estábamos destruyendo uno al otro, con las discusiones para planificar la boda.

»Y mi incomodidad seguía aumentando en nuestro apartamento, como si ya no estuviéramos solos. Alguien o algo nos había seguido desde Puerto Rico, algo que yo no podía ver pero cuyo poder realmente sentía.

»Aunque yo tenía un buen trabajo y planeaba casarme, comencé a sentirme deprimida. Una oscuridad avanzaba lentamente sobre mí y yo no me la podía sacudir. Entonces, poco antes de la boda, descubrí que mi futuro esposo, el hombre que yo amaba, era adicto a la heroína. No en balde siempre se quedaba dormido. No en balde siempre estaba enfermo. Aunque por todos los medios trató de ocultármelo, los síntomas de la abstinencia de la droga eran inconfundibles.

Mi novio terminó en la prisión y yo me quedé sola en el apartamento. No tenía planes. No tenía futuro. No tenía esperanza. Hasta respirar parecía ser una lucha. Casi todas las personas importantes para mí eran adictas a las drogas o al alcohol. A mis tres hermanos les diagnosticaron SIDA y ahora se destruía mi matrimonio. Me sentía destinada a fracasar, como que alguien trataba de aplastar mi vida. Quería morirme.

»Mi madre me instaba ir a la iglesia, pero yo le decía: «Yo no necesito ir a la iglesia. Puedo orar en la casa». Pero no lo hacía porque todo me parecía muy oscuro y sin esperanza alguna.

»Así que decidí ponerle fin a mi vida, pero antes de planear cómo hacerlo, me acordé de pronto de la iglesia que estaba al doblar de la esquina de mi apartamento. Yo había pasado muchas veces por allí, pero nunca había entrado. Ahora parecía que algo me apremiaba a entrar, como si este fuera un lugar al cual yo podría acudir para que de nuevo mi corazón herido recibiera un toque de vida. Así que en Diciembre de 1995 me arrastré al Tabernáculo de Brooklyn sin mucho más que una desmenuzada esperanza. Mediante la oración y el canto y la predicación sentí tan profundamente cómo Dios me amaba y me atraía que le entregué mi vida de inmediato. Sentí como si me estuviera diciendo que Él quería volver a sacar a la luz a la pequeña niña que se había escondido para podérsele revelar.

»De pronto desapareció la oscuridad en mi vida. Me mudé del apartamento y a medida que pasó el tiempo comencé a experimentar que Dios tocaba partes de mí que parecían imposibles de reparar diciéndome mediante las palabras de la Biblia «porque yo sé muy bien los planes que tengo para ustedes —afirma el Señor—, planes de bienestar y no de calamidad, a fin de darles un futuro y una esperanza".

»Cuando pienso en mi vida, reconozco que Satanás siempre planeó destruirme. Pensó que me podía aplastar con la violencia, el abuso y la adicción, e incluso con el ocultismo. Y sus planes casi se cumplen. Yo estaba lista a quitarme la vida.

»Pero Dios también tenía un plan y lo había estado elaborando desde el mismo principio, aunque en ese momento yo no lo veía. Él oyó las solitarias oraciones de una niñita atemorizada en su cama. Mantuvo mi mente lo suficientemente sana para oírlo llamarme por mi nombre. Y me protegió para que las drogas y el alcohol no me destruyeran aunque siempre me rodearon.

»Es por eso que yo digo que mi vida es un libro de la historia de la gracia de Dios. Porque lo que Satanás hizo para mal, finalmente Dios lo usa para bien. Cuando leo las palabras del Salmo 139, yo sé que se aplican a mí: "Tú creaste mis entrañas; me formaste en el vientre de mi madre. ¡Te alabo

> *Y mi incomodidad seguía aumentando en nuestro apartamento, como si ya no estuviéramos solos. Alguien o algo nos había seguido desde Puerto Rico, algo que yo no podía ver pero cuyo poder realmente sentía.*

porque soy una creación admirable! ¡Tus obras son maravillosas, y esto lo sé muy bien! Mis huesos no te fueron desconocidos cuando en lo más recóndito era yo formado, cuando en lo más profundo de la tierra era yo entretejido. Tus ojos vieron mi cuerpo en gestación: todo estaba ya escrito en tu libro; todos mis días se estaban diseñando, aunque no existía uno solo de ellos".

»Ya han pasado quince años desde que mis hermanos y hermanas contrajeron el virus del SIDA y todavía están vivos, y ahora yo tengo la confianza de que necesito hablarles acerca del amor de Dios. Hoy no temo decirles directamente: La luz de Dios es más poderosa que el secreto oscuro en cualquiera de nuestras vidas».

Victoria Council conoce muy bien la realidad del maligno. Sabe que el poder de Satanás está obrando para destruir vidas. Debido a sus ataques ella casi se quita la vida. Pero en su lugar, por el poder grandioso de Dios ella está viva. Hoy está casada con un maravilloso esposo que todos los domingos la acompaña a la plataforma, adorando al Único que le ha dado esperanzas y le ha mostrado un plan para su vida.

Como cristianos, no podemos escondernos de la batalla, ni temerla. Es simplemente una parte de la vida de fe. Si tú deseas conocer a Dios, experimentar sus bendiciones y dejar que Él te use, encontrarás oposición. Pero nunca estamos solos en la lucha. Al contrario, Dios está con nosotros, dirigiendo el camino y manteniéndonos seguros.

ONCE

ÉL HA SIDO FIEL

Seguir a Dios no es siempre un sendero suave. Algunas veces el camino está nivelado y es fácil de caminar. Pero con más frecuencia es ascendente y rocoso y presenta toda clase de desafíos. Desde el principio yo me vi en algunas situaciones difíciles.

Recuerdo visitar una iglesia en Saint Louis, Missouri, poco tiempo después de casarme con Jim. Durante el servicio el ministro me sorprendió al anunciar a las trescientas personas que estaban presentes que la hija del Reverendo Clair Hutchins estaba en la congregación. Luego me pidió que yo fuera al frente para tocar durante la recolección de las ofrendas. Hubo un silencio. De nuevo suplicó: «Carol Cymbala, por favor, venga». Más silencio. Por fin me las arreglé para pararme y con una temblorosa voz anunciar que yo no hacía ese tipo de cosas. No había súplica que ese día me hiciera moverme de mi asiento.

Jim y yo nos reímos recordando historias como estas porque nos dejan ver lo lejos que yo he llegado y todo lo que Dios ha hecho a pesar de mi timidez incipiente. También me recuerdan una historia en los evangelios que siempre ha tenido un significado muy especial para mí. Sucedió en una sinagoga en la que Jesús conoció a un hombre que sufría de una deformidad en una mano paralizada. A pesar de las objeciones de algunos de los judíos, escandalizados porque sanó a un hombre en el día de descanso, Jesús simplemente le dijo al hombre: «Extiende tu mano» (Marcos 3:5). Es obvio que el hombre entendió la fe que Jesús le pedía que ejercitara. Ya que una de sus manos era saludable, él simplemente pudo extender esa mano al Señor. Eso lo podía hacer naturalmente sin la ayuda de nadie. Pero Jesús le estaba pidiendo que hiciera algo que *él no podía hacer normalmente*, por fe extender una mano paralizada. Tenía que creer que si obedecía el mandato del Señor, extendiendo su mano paralizada, el poder de Jesús sería suficiente para sanarlo. Así fue que a medida que obedeció la palabra del Señor, encontró su milagro y experimentó el poder de Cristo.

El hombre de la mano paralizada me recuerda a mí misma y el camino que Dios siempre ha obrado en mi vida, pidiéndome hacer lo que naturalmente yo soy incapaz de hacer. Al responder con fe, he descubierto que puedo hacer todas las cosas mediante Cristo. Verdaderamente así es como Dios obra en nuestras vidas, pidiéndonos hacer cosas que solo se pueden hacer por el poder del Espíritu Santo. Seguir a Dios involucra un quebrantamiento continuo, decir no a nuestro instinto natural para retroceder ante los desafíos y poder decir sí al poder de Dios que obra por medio nuestro. Es de allí que viene el gozo, llenarnos de la plenitud de Dios y usarlo para su gloria.

He llegado a entender que muchos de nosotros complicamos demasiado la vida con Dios cuando realmente es muy simple. La verdad es que Dios nos mostrará su poder si simplemente confiamos en Él para hacer lo que dice que hará. Su poder no solo nos libra sino que además nos mantiene seguros en medio de circunstancias difíciles.

EL PODER DE DIOS PARA CONSERVARNOS

Kevin Lewis es un solista del coro y el administrador del departamento de música en el Tabernáculo de Brooklyn. Cuando veo a este joven, de 1,85 metros [seis pies y una pulgada] de alto, me cuesta trabajo creer que una vez fuera tan pequeño como para que su mamá lo pudiera cargar. No parece que haya transcurrido tanto tiempo desde que Jim lo cargó frente a la congregación para dedi-carlo al Señor cuando era un recién nacido.

Hace algunos años Kevin asistió a una escuela secundaria muy grande, cuya lista de los personajes famosos que se han graduado allí incluyen a Barbara Streisand, Beverly Sills, Mickey Spillane y Bobby Fischer. Hace treinta y cinco años que mi esposo también se graduó en esa misma escuela. Pero ni Jim ni ninguna de esas personas reconocerían hoy la Escuela Secundaria de Erasmus Hall porque esa escuela, que es la más vieja de Brooklyn, también se convirtió en una de las más notorias, un lugar donde los reporte-ros haciéndose pasar por estudiantes descubrieron que era tan fá-cil obtener una línea de cocaína como pedir prestado un lápiz para escribir.

Kevin fue siempre un niño bueno, merodeando alrededor del departamento de música después de clases, ayudando con cual-quier cosa que pudiera hacer. Un miembro del coro de jóvenes de la iglesia, durante dos años consecutivos lo nombraron el mejor vocalista masculino de la escuela. Sin embargo, supimos que no siempre le fue fácil en Erasmus. Pero tampoco nos dimos cuenta de lo difícil que había sido hasta que un día él nos contó su historia.

«Crecí en el Tabernáculo de Brooklyn, pasé por el ministerio de los niños, el ministerio de los jóvenes y luego el coro de los jóve-nes. Durante ese tiempo siempre fui el mayor fanático del coro. Acostumbraba a escuchar sus álbumes, imitar a los cantantes, siempre importunando a mi mamá para que me comprara el últi-mo disco o comprara las entradas para cualquier concierto fuera de la iglesia.

»Cuando tenía doce o trece años comencé a preguntarme si me estaría perdiendo algo. Todos, excepto yo, iban a las fiestas y se di-vertían mucho.

»Después del noveno grado hice planes para cambiar a la escuela secundaria Tilden con el resto de mis amigos. Pero un día recibí una tarjeta por correo anunciándome que me habían aceptado en la academia del programa de artes de la escuela secundaria Erasmus, que se consideraba como una de las mejores en New York. No lo podía creer, yo nunca había aplicado al programa, no quería seguir la carrera de música, y definitivamente no quería asistir a esa escuela. A pesar de la reputación de este programa de música, era una de las escuelas más peligrosas en Brooklyn. Tampoco me ayudaba el hecho de que ninguno de mis amigos estaría allí.

»Mi madre estaba tan triste con estas noticias como yo lo estaba, así que trató de transferirme. Pero los oficiales de la escuela dijeron que era un programa tan difícil de conseguir que yo necesitaría probarlo por lo menos durante seis meses antes de hacer la transferencia. Los seis meses se convirtieron en cuatro años para mí.

»La escuela de Erasmus no es una escuela promedio. Es una de las más grandes en Brooklyn, ocupa, de un lado a otro, cuatro cuadras de la ciudad. Durante el tiempo que pasé allí los edificios estaban en tan malas condiciones que si llovía afuera también llovía adentro. A veces los muchachos tenían que comerse los almuerzos cubiertos con paraguas por lo fuerte que llovía en la cafetería de la escuela. Yo fui a la cafetería una sola vez porque aquello era un caos. Mientras que de fondo se oía una música con mucho estruendo, los muchachos hacían de las suyas fumando y peleando. Era un buen lugar para que a uno lo robaran.

> *La escuela de Erasmus no es una escuela promedio. Los edificios estaban en tan malas condiciones que si llovía afuera también llovía adentro. A veces los muchachos tenían que comerse los almuerzos cubiertos con paraguas por lo fuerte que llovía en la cafetería de la escuela.*

»Las clases de gimnasia tampoco eran muy divertidas, el salón donde estaban los casilleros era asqueroso y los ratones corrían por todas partes. Recuerdo que le dije a uno de mis maestros de gimnasia que no me quería cambiar de ropa para la clase. Él me dijo que si no lo hacía no me pasaría de curso. Así que fui a cambiarme, puse todas mis cosas en el casillero, pero cuando regresé, como era de esperar, el candado estaba roto y el casillero vacío, se lo llevaron todo.

»Los baños eran peores; además de estar asquerosos, eran el lugar donde los muchachos compraban drogas. Todos sabíamos que se podía obtener marihuana en los baños del tercer piso del departamento de ciencia. Aunque también te podía arrestar la policía que patrullaba el edificio. Si en su recorrido la policía encontraba a unos cuantos muchachos fumando juntos, todos los demás presentes iban presos. Así que la mayoría de los muchachos evitaba ir a los baños y prefería orinar en las escaleras. A veces, de camino a la clase, hasta llegué a ver excremento en los escalones. La verdad es que en aquellos escalones se podía hacer lo que uno quisiera. Algunos hasta tenían sexo allí.

»También sucedían violaciones y cuchillazos. Un día acuchillaron a un muchacho y este murió. Después de eso, ir a la escuela era casi como ir a la cárcel. Parte del ejercicio diario consistía en una revisión de todo el cuerpo, detectores de metales e identificaciones. Algunas veces había una demora de treinta minutos para entrar al edificio. Uno se sentía como un criminal aunque no hubiera hecho nada malo. Y ni siquiera así era seguro porque los muchachos vendían sus identificaciones a personas que querían tener acceso a la escuela.

»Tampoco era fácil salir de allí, porque en ocasiones el director anunciaba por el sistema de altoparlantes que nadie podía salir del edificio. No importaba si las clases terminaban a las 2:00. A veces teníamos que estar hasta las 4:00 a causa de la violencia de las pandillas que estaban peleando afuera del edificio. Algo que nunca hice fue ir a la escuela el día de *Hallowe'en* (típica celebración de las brujas en los EE.UU.), en lo que a mí me concernía era el día festivo del diablo, el día de iniciación de las pandillas, un día en el que podía suceder cualquier cosa.

»Sin embargo, excepto que me robaron unas cuantas veces, nunca tuve problema. Si veía que se me acercaba algún problema, yo cambiaba el rumbo. Trataba de mantenerme solo para que nadie se metiera conmigo. Tal vez algunos muchachos hasta me temían un poco porque no sabían qué pensaba yo ni qué esperar de mí. Como soy tan grande, no se dieron cuenta que yo era la gallina más grande que estaba entre ellos.

»Mientras tanto, algunos de mis amigos en la escuela secundaria de Tilden tampoco llegaron muy lejos. La mayoría de ellos eran buenos muchachos que se reunieron con grupos malos y comenzaron a descender por caminos equivocados. Uno de ellos terminó en la cárcel, otro se retiró en dos semanas. Apareció en un patio de la zona de Queens. Parece que tuvo algún tipo de problema con la policía, recibió un balazo y se fue al patio de alguien y allí se desangró hasta morirse.

»Pero lo peor de todo le sucedió a mi amiga Shondell dos meses después de comenzar en la escuela Tilden y yo en Erasmus. Ella y yo siempre habíamos estado cerca, ella me gustaba pero era muy dura, tan dura que nadie le podía dar una paliza, al menos eso era lo que yo pensaba. Así que casi no podía creer lo que me contaron. Un grupo de muchachas, con las cuales había peleado hacía tres años, la atacaron en una fiesta. Un sábado por la noche las muchachas la agarraron y la apuñalearon una y otra vez, diecisiete veces. Dos hermanas terminaron en la cárcel por el crimen que cometieron.

»Mi madre y mi tía fueron a la funeraria conmigo porque Shondell había sido amiga de la familia. La noche que fuimos el local se llenó con los muchachos del séptimo hasta el duodécimo grado de la secundaria. Cuando todo estalló alrededor de nosotros, estábamos sentados en el salón de la funeraria. Por todas partes comenzó una balacera y la gente se dispersó tan rápido como pudo. Mi mamá y yo nos metimos debajo de los bancos más cercanos mientras que mi tía salió corriendo por la escalera y fue a dar a la sala de exhibición de los ataúdes. Al terminar, las balas habían rozado a un par de personas y el féretro de Shondell estaba acribillado a balazos. Parece que los miembros de la familia de las dos muchachas que la mataron fueron a dar el pésame y balacearon el lugar para vengarse del hecho de que las dos hermanas estuvieran arrestadas.

»Todas estas cosas pasaron el primer año que yo pasé en Erasmus. Después reconocí que no me había perdido nada de lo que mis viejos amigos estaban haciendo allá en el mundo. Si Shondell murió, cualquier cosa podía pasar.

»Tan extraño como parece, comencé a darme cuenta de que realmente Dios me estaba protegiendo al enviarme a la escuela de Erasmus. Si yo hubiese ido con mis viejos amigos, es probable que hubiese tomado el mismo rumbo que ellos tomaron. Aunque Erasmus no era lo mejor, me enseñó cuánto necesitaba depender de Dios. Yo oraba todas las mañanas antes de irme para la escuela, le pedía a Dios que esa noche me trajera de regreso a casa. Sabía que me podía pasar en cualquier parte, en el tren, en un pasillo de la escuela, o quizás alguien me acuchillaría solo por desear mi chaqueta. Pero nunca sucedió porque Dios me protegía.

Aunque en Erasmus había otros cristianos, no se permitían grupos de apoyo porque los maestros siempre estaban hablando de la separación de la iglesia y el estado. Por lo menos nos permitían

> *Cuando todo estalló alrededor nuestro, estábamos sentados en el salón de la funeraria. Por todas partes comenzó una balacera y la gente se dispersó tan rápido como pudo. Mi mamá y yo nos metimos debajo de los bancos más cercanos mientras que mi tía salió corriendo por la escalera y fue a dar a la sala de exhibición de los ataúdes.*

cantar algunos himnos tradicionales de Navidad como "Noche de Paz", aunque teníamos que cambiar algunas de las palabras. Por ejemplo, en vez de cantar (en inglés) "Cristo el Salvador nació", el coro debía cantar "El Salvador nació". Pero cuando llegó el momento de cantarla en público, yo cerré mis ojos y comencé a cantar, y antes de darme cuenta canté las palabras como siempre: "Cristo el Salvador nació" y todos en el coro se me unieron. La profesora estaba furiosa, sentada en el piano echando maldiciones. Más tarde me llamó a una esquina y me regañó, amenazándome de que iba a suspenderme el grado. Aunque salí aprobado, obtuve una calificación más baja que nunca en una clase de música.

> *Yo oraba todas las mañanas antes de irme para la escuela, le pedía a Dios que esa noche me trajera de regreso a casa. Sabía que me podía pasar en cualquier parte, en el tren, en un pasillo de la escuela, o quizás alguien me acuchillaría solo por desear mi chaqueta.*

»Debido a la naturaleza del programa de artes, había mucha presión para continuar en la profesión de la industria de la música. Mis instructores continuaban diciéndome que debía ir a Broadway. "Tienes una gran voz de barítono. Puedes llenar un salón sin necesidad de micrófonos", me decían. Los cumplidos eran buenos, pero yo quería algo más. Sentía que Dios me estaba llamando a tomar otro camino. Después de graduarme, me ofrecieron un trabajo en el departamento de música de la iglesia. No era mucho dinero pero me alegraba tenerlo.

»Trabajar con la música del Tabernáculo de Brooklyn ha sido una experiencia increíble. Siempre quise cantar en el coro y siempre quise viajar. Mi trabajo me ha llevado a Rusia, a Jamaica y a muchos lugares alrededor del país. Aun más, me ha dado la oportunidad de ministrar a todo tipo de personas. Ahora, cada vez que tomo el micrófono en mis manos, no es porque me guste estar en el escenario, al contrario, oro para que Dios esconda a Kevin, porque Kevin no puede salvar a nadie. Solo Jesucristo lo puede hacer.

»Siempre pensé que no tenía una historia que contar. No andaba corriendo por las calles, no vendía drogas, no tenía problemas de alcoholismo. En comparación a las maneras en que Dios ha obrado en las vidas de otras personas, mi vida parece tan dócil. Entonces comencé a reconocer que yo sí tenía una historia, quizás no sería sobre cómo Dios me rescató sino cómo me mantuvo a salvo. Es una historia acerca del poder de Dios para preservar la vida que a Él ha sido dedicada.

»Mi madre se aseguró de dedicarme al Señor apenas fui yo un recién nacido. Después me llevó a la iglesia y me enseñó acerca de Jesús. Cuando pienso en todos los padres que han dado sus hijos a Dios, quiero alentarlos diciéndoles que Dios sigue siendo fiel, y todavía está dispuesto a cuidar de ellos. Quiero decirle a los padres que no se rindan aunque sus hijos estén pasando momentos difíciles o estén asistiendo a terribles escuelas o algún otro tipo de peligro los esté amenazando. Dios oye sus oraciones de la misma manera que escuchó las oraciones de mi madre por mí. Si tú lo dedicaste a Dios, Él no lo dejará irse».

❦

Kevin tiene razón. Dios es fiel y es capaz de cuidar todo lo que le hemos dado. Ya sea nuestra vida, nuestra familia, nuestros problemas, nuestros dolores de corazón y nuestras limitaciones, Dios es capaz de hacer mucho más de lo que le pedimos o pensamos.

A medida que yo tracé el curso de mi vida hasta tan lejos, no he visto nada que no sea la fidelidad de Dios, nada que no sea su amor expresado tan libremente en una niñita tan tímida que no se atrevía a levantar su mano en la clase, en la esposa de un joven pastor que se sentía fuera de lugar, en la temerosa madre que impotente observaba cómo su hija se alejaba de ella.

La verdad es que mi incompetencia y mis temores han sido el lugar exacto donde yo he escuchado al Señor decir: «Extiende tu mano». Una y otra vez Él me ha guiado por situaciones que me desafiaron y extendieron mi fe más allá de cualquier otra cosa que pudiera imaginar. Pero es allí donde más fuerte siento su poder.

Si hay algún tema para la historia de mi vida es que Dios es fiel, no importa cuáles sean las circunstancias. Y su fidelidad es la que me motiva al encarar el futuro, no importa lo que venga.

¿Qué parte de tu vida es la que te paraliza y te aleja de lo mejor de Dios? ¿Qué es lo que te agobia y necesitas darle al Señor en oración? ¿Qué temor o preocupación te impide obedecer lo que en tu corazón reconoces que es la voluntad de Dios para tu vida? Espero que mi historia, junto con todas las demás historias de este libro, te desafíen para no rendirte sino para mirar con fe al Señor Jesucristo. Después de derramar su vida por ti en la cruz, ¿acaso no te ayudará también a vivir victoriosamente mientras esperas el día de su regreso? Dios quiere obrar a tu favor a medida que tú le entregues todo: tu vida, tu hijo extraviado, la montaña de problemas que hoy estás encarando, las dudas o depresión que te ha plagado. Démosle todo lo que tenemos y todo lo que somos para que podamos experimentar, de maneras aun más profundas, cuán fiel es nuestro Dios.

Una vida con propósito

Rick Warren, reconocido autor de *Una Iglesia con Propósito*, plantea ahora un nuevo reto al creyente que quiere alcanzar una vida victoriosa. La obra enfoca la edificación del individuo como parte integral del proceso formador del cuerpo de Cristo. Cada ser humano tiene algo que le inspira, motiva o impulsa a actuar a través de su existencia. Y eso es lo que usted descubrirá cuando lea las páginas de *Una vida con propósito*.

0-8297-3786-3

RICK WARREN

UNA *Vida* CON PROPÓSITO

¿PARA QUÉ ESTOY AQUÍ EN LA TIERRA?

Nos agradaría recibir noticias suyas.
Por favor, envíe sus comentarios sobre este libro
a la dirección que aparece a continuación.
Muchas gracias.

Vida

ZONDERVAN

Editorial Vida
7500 NW 25th St., Suite #239
Miami, Florida 33178

Vidapub.sales@zondervan.com
http://www.editorialvida.com